民國歷史與文化研究

十 四 編

第 **5** 冊

摩登考：清末民初中國女性儀容漸變史

李德生、王琪 著

花木蘭文化事業有限公司

國家圖書館出版品預行編目資料

摩登考：清末民初中國女性儀容漸變史／李德生、王琪 著 --
初版 -- 新北市：花木蘭文化事業有限公司，2022〔民111〕
目 2+212 面；19×26 公分
（民國歷史與文化研究 十四編；第 5 冊）
ISBN 978-986-518-763-7（精裝）
1.CST：儀容 2.CST：文化史 3.CST：女性 4.CST：民國史
628.08   110022098

ISBN-978-986-518-763-7

民國歷史與文化研究
十四編 第 五 冊   ISBN：978-986-518-763-7

摩登考：清末民初中國女性儀容漸變史

作　　者　李德生、王琪
總 編 輯　杜潔祥
副總編輯　楊嘉樂
編輯主任　許郁翎
編　　輯　張雅淋、潘玟靜、劉子瑄　美術編輯　陳逸婷
出　　版　花木蘭文化事業有限公司
發 行 人　高小娟
聯絡地址　235　新北市中和區中安街七二號十三樓
　　　　　電話：02-2923-1455／傳真：02-2923-1452
網　　址　http://www.huamulan.tw 信箱 service@huamulans.com
印　　刷　普羅文化出版廣告事業
初　　版　2022 年 3 月
定　　價　十四編 9 冊（精裝）台幣 30,000 元

摩登考：清末民初中國女性儀容漸變史

李德生、王琪　著

作者簡介

　　李德生，1945 年生人，籍貫北京，旅居加拿大，係加拿大文化更新研究中心研究員、大布列顛畫卡協會會員，致力東方民俗文化和戲劇的研究。

　　著有：

《清宮戲畫》（中國百花文藝出版社出版 2006 年）

《束胸的歷史與禁革》（花木蘭文化事業有限公司出版 2021 年）

《粉戲》（花木蘭文化事業有限公司出版 2021 年）

《血粉戲及其劇本十五種》（上中下冊）（花木蘭文化事業有限公司出版 2021 年）

《京劇名票錄》（上下冊）（花木蘭文化事業有限公司出版 2021 年）

《禁戲（增訂本）》（花木蘭文化事業有限公司出版 2021 年）

《煙雲畫憶》（花木蘭文化事業有限公司出版 2021 年）

　　王琪，生於 1942 年，原籍北京。著名評劇表演藝術家，中國戲劇家協會會員。在長期的舞臺實際中成功地塑造了一系列戲劇人物，獲得文化部門授予的多項嘉獎。主演首部評劇電視連續劇《慧眼識風流》，獲北京電視臺優秀戲劇電視片獎。現為加拿大華楓藝術家聯誼會理事。

提　　要

　　筆者係大布列顛畫卡協會會員，收藏有中外煙草公司在華出版的香煙畫片一萬餘枚。其中，印有不同時期時尚女性的倩影玉照居多。有晚清的「花國領袖」，民初的名閨名媛，也有出入社交場合的「交際花」、「時代女」，更有二十年代的「新女性」、「大摩登」、「浪蝶」與「流鶯」，三十年代的電影明星、戲劇皇后、歌星、舞星、豔星、泳壇健將、女子冠軍、校花、名票。不同時代的「時尚名女人」——賽金花、呂美玉、潘雪豔、阮玲玉、蝴蝶、楊秀瓊……，均在煙畫上閃亮登場。她們的眉目傳情、櫻唇欲語，似乎有說不盡的故事要向今人傾訴。她們的衣著打扮、髮型頭飾、春山秋水、淡抹濃妝，及其與時俱進、千變萬化的服飾儀容，莫不記錄著昔日歲月的光輝與繁華。

　　這些小小的畫片若依出版先後順序排列開來，真可以稱得上是一部珍稀的《近代女性儀容漸變史》。它不僅反映出中國近代國體、政治、經濟、生活的巨變，也詳述了這一歷史時期的婦女解放與風土人情。同時，它也給今日的美容師、化妝師、美髮師、服裝設計師和影視工作者們帶來豐富的遐想，也會給民俗學、社會學的研究者們，提供些集腋補裘的視覺資料。為了使青年讀者瞭解舊日的時尚變遷，筆者「依煙畫之圖，溯婀娜之史」，梳理成冊，擬與花木蘭文化事業有限公司合作刊出，也算是希望「今人識舊月」的一點初衷。

1880 年～1945 年間「摩登」
女郎容裝漸變圖

代前言：煙畫與摩登

大門一開太陽升，東邊走來個大摩登。

描眉畫眼兩腮紅，頭髮燙得像蓮蓬。

旗袍講究高開衩兒，高跟皮鞋咯噔噔。⋯⋯

這是解放前流行於市井童稚口中的一首「拍手歌」。只要弄堂裏走來一個衣著時尚的女人，一群半大不小的孩子們就一哄而出，跑到人家身後，手舞足蹈地唱了起來。直到惹得人家生了氣，一轉身兒、一跺腳，一叉腰、蛾眉一蹙、杏眼一瞪，未及開口、孩子們便哄地一笑，四處奔跑，作鳥獸散了。迄今，每當想起這些童稚時代的荒唐，仍會忍不住地笑出聲兒來。彼時，在孩子們的知識範圍內，凡是長得漂亮、衣著入時的女人，就叫「大摩登」。這種叫法，一晃便是六十年前的事兒啦！

「摩登」兩個字，起源佛教，作梵典中的摩登伽解，是奴隸階級首陀羅的種姓，也是該族的一位年輕女摩登伽的名子。在《楞嚴經》和《大正藏》第十四卷的《佛說摩登女經》中均有記載。英文 modern 讀音與摩登的發音很相近，最早出現於十九世紀開埠時期的廣州，在廣東人的口語中發「摸騰」、「摸隆」的聲音，顯然是一種被漢化了的外來語。當時人們使用這個詞，大多是指「新鮮」、「趨時」的意思。比如說：什麼什麼「摸騰」，就是指那種東西很新奇，從來也沒有見過。起初，這個詞只停留在口語使用上，並沒有標準的中文寫法。

待到上海開埠後，「摩登」一詞就出現在中、西混雜的「洋涇浜英語」中了。其含意更為科學，是指「現代的」、「時新的」、「新派的」意思。但是用漢字表達時，依然很不規範，往往被寫作「摸燈」、「磨燈」、「磨登」等，很不統一，故《辭源》、《辭海》皆不收錄。民國建元以後，這個詞才約定俗成地寫作「摩登」二字了，並且頻繁地應用到日常生活用語當中。大概在 1920 年初，它是以一個標準的舶來語匯出現在上海的文人筆下，才被正式運用到書籍報刊中去。

根據《英漢大辭典》的解釋：英文「modern」是形容詞，源自拉丁詞根 mod 的模型。是指「現代的；近代的；現代式〔化〕的和現代人，近代人；新思想家，現代派人物」的意思。「modern」與其他詞彙運用，如：modern history，為「近代史」；modern languages，則是「近代語言」或「現代語言」；modern dance 則是「西方近代舞蹈」；而 a modern army 和 modern automatic weapons，則是「現代化部隊」和「現代自動化武器」了。

在上個世紀二十年代的中國，漢語「摩登」一詞更偏重於「時尚」和「時髦」的意思。先是指物，包括新鮮的事情；如什麼什麼東西真「摩登」，在什麼什麼地方發生了件什麼新鮮事兒，真「摩登」！這個詞彙的推廣和普及，

不僅表現在人們對新鮮事物的強烈追求上，當時的商業宣傳、傳媒的渲染，在不同領域都廣泛地套用這個「摩登」二字，尤其文化、娛樂方面，例如，卓別林的電影《摩登時代》、黎錦輝的歌曲《摩登小姐》、荀慧生的新編京劇《摩登迦女》、連說唱藝人榮劍臣的單弦，也編出了《摩登哀史》等等。加之報刊、電影、電臺、戲院、留聲機的積極推廣、傳播，使「摩登」二字家喻戶曉、婦孺盡知。從而，變成了一個市俗的口頭語。「摩登」一詞亦由物及人，很快演變成對追求時尚女性的一種呢稱。在二十年代中期，「摩登」、「大摩登」，便與「美人兒」、「大美人兒」等名詞同義，成為時髦女子的專用稱謂。剛一開始，此詞還含有讚美、恭維、羨慕的成份。但未過多久，「摩登」就由褒義而淪為帶有譏諷意味的貶義詞了。

總之，「摩登」一詞在二十世紀上半葉使用之頻繁，內容之豐富，變化之微妙，絕對可以算得上是理解彼時上海文化，以及上海外延文化的一個關鍵詞。儘管這個詞，在左翼文學運動和新生活運動等強大的話語力量塑造下，被迅速賦予明顯的負面涵意。但是，以描摹時尚女性為內涵的「摩登」二字，依然在社會上流傳了很久。一直到「無產階級革命勝利」，取得政權，建立新中國之後，「摩登」二字被明確地定為是一種「腐朽的」、「醜惡的」、「資產階級」性質的不良追求。在階級鬥爭強大的政治壓力下，「摩登」二字終於被逐出歷史舞臺，最終從字面和人們的口語中完全消失了。

一直到了改革開放之後的七、八十年代，「摩登」二字才又悄悄地又蹦了出來。最早，它是出現在兒童化妝領域裏，幼兒園的孩子們在跳舞時，兩腮和嘴唇上都要抹上一些「摩登紅」。這些紅色使小孩們顯得格外漂亮、美麗；人也變得快活、精神了。就在這點兒「摩登紅」的晃動下，給全場的大人們也都帶來了無窮的歡愉和快樂。其實，所謂的「摩登紅」，只不過是普通的胭脂而已，但從這一種趨時的稱謂中，卻深刻地反映出人們對美好將來的追求，以及對舊日繁華的回憶。很快，「摩登紅」也成了成年女人的寵物。隨著人們生活水平的提高和政治環境的寬鬆，各種顏色的口紅、各種品牌的化妝品再次降臨人間。用以滋潤女人們的皮膚，完美女人的膚色，使女人漂亮，又開始「摩登」起來。到了二十一世紀的春天，「摩登」一詞徹底的解放了，服裝店、攝影樓、歌廳、舞廳、現代傳媒、期刊、網站，都堂而皇之地用它冠名。新版的《現代漢語詞典》也承認了「摩登」一詞的存在了。

本書之所以也用了「摩登」二字冠名，是因為筆者珍藏許多印有昔日「摩

登」女郎的廣告畫和香煙畫片。這些畫和畫片大多是清末民初和二、三十年代的出版物，上邊印的也多是那個時代最時尚的「美人兒」。這些「美人兒」在當時都叫「大摩登」。這些廣告和香煙畫片在當年也有個「摩登畫兒」和「摩登卡」的綽號。

而下，我們再說說什麼是煙畫？煙畫是怎麼生成的？煙畫與「摩登」到底是個什麼關係？

什麼是煙畫呢？如今的青年人多不知道。其實，它就是民間俗稱的「香煙畫片」。北京人叫它「洋畫兒」，上海人叫它「香煙牌子」，天津人叫它「毛片兒」，廣東人叫它「野人頭」，香港則叫它「公仔紙」。更明確地說，它就是一種香煙小廣告。正面是畫兒，背面是字兒，尺寸不大，放在香紙包裹，每包一張，印得十分精緻。在印刷品稀少、攝影術又極不發達的時代，這些精美的畫片是一種頗具吸引力的尤物。

煙畫是怎麼誕生的呢？自然，它是與人類吸煙習慣的改變分不開的。據美國煙草史專家理查德‧克魯格（Richard Kluger）先生的考證，在紙煙發明之前，美國人吸食煙草是採用嘴嚼的方式進行。這種方法又髒又土，很不雅觀。美墨戰爭期間（1845～1848），美國士兵在戰壕裏休息的時候，用包子彈的紙卷著煙絲吸食，發現這種吸法既衛生又方便。於是，很快就推廣開來。到了 1875 年前後，北卡羅萊納州首府羅利的「阿倫——金特」公司，就開始專門生產紙卷香煙了。他們把紙煙製成五支、十支一包的小包裝，為了解決包裝鬆軟的問題，金特先生把一枚枚印有彩色圖畫的小硬紙卡片放入煙包內。這樣可以使煙包挺括，便於攜帶。另外，這種小畫片也算是回贈給顧客的一件小小的禮物。人們一邊吸煙，一邊欣賞漂亮畫片上的山水人物，豈不是件十分愜意的事情。就此，這種嶄新的媒體——煙畫，也就應運而生了。

香煙和香煙包裹的畫片，出人意料地受到人們的熱烈歡迎。香煙可以舒解人們緊張的工作和生活；在報刊和書籍還不發達的時代，一枚精製的畫片上邊印有各色人物、異域風光、民俗異趣、飛禽走獸，也可以使人愛不釋手，可以一傳十、十傳百地傳看下去。這種效應對今人說來顯然很費解，但在一百多年前，人們的這種熱情還是不難推理想像的。

煙畫又是怎麼和「摩登」聯繫到一起的哪？最初的煙畫內容並無固定題材，山水、花鳥什麼都印。當煙商們發現印著「美女」的煙畫更受消費者歡迎，而且對香煙的銷售大有裨益的時候，就開始在這方面大做文章了。先是

美國煙草公司的老闆杜克先生用重金，聘請了正在美國走紅的法國女演員麗婭夫人和美女葆妮・瑪克琳（Bonny McGinn）小姐，請她們一同加盟到公司裏來工作，並請她們自願地用自己的姿色和微笑來充當公司產品的形象廣告。公司把她們的漂亮的臉蛋兒和含情脈脈的神態印到煙畫上，再藏入香煙包內。通過銷售，把美人的秋波送到每一位吸煙朋友們的手裏。這一招，毫不費力地贏得百分之九十九的男人們的歡喜。用「美色」喚起男性潛意識的渴望和幻想，這是杜克先生設計煙畫的一大絕招，這也是煙畫與「摩登」結緣之始。這一成例，一直貫穿了整個煙畫出版史的始終。

這是筆者收藏的美國杜克煙草公司出品的最早的一枚五色精印的煙畫，畫上的女子就是著名的葆妮・瑪克琳（Bonny McGinn）小姐。公司為她披上了古代勇士的戎裝，手持鋒利的寶劍，用美色和微笑去征服吸煙的男士。君臨之處，所向披靡；爭城奪池，無往不勝。由此，開啟了煙草商以「摩登」煙畫為先鋒的世界征服史。

為葆妮・瑪克琳（Bonny McGinn）小姐的原始照片。刊於美國煙草史專家理查德・克魯格（Richard Kluger）先生著的《煙草史》一書。

　　儘管一百多年前的美國，一直沿襲著英國保守、拘謹、封建的習俗和民風。對貞操和女德的詮解，十分嚴格。任何具有性挑逗意識的創造，都會導致社會輿論的強烈反對。但是，煙畫設計打了一個「擦邊球」。畫上出現的女性都是漂亮而不媚俗，嬌媚而不放浪；富有性感的挑逗，但並不猥褻放蕩；衣著儘管趨向暴露，但並不逾越約定俗成的尺度；姿態儘管大膽放縱，但是並不淫蕩下流。因之，儘管屢遭社會賢達的反覆斥責，而法律對它卻無可奈何。由此造就「摩登」煙畫的風格，使不同時代的美人兒在這方寸之地與時俱進地盡展風騷。

　　這一舉措的成功，導致了煙草宣傳品形成一股強大的「摩登」流。不僅美國本土的煙廠競相仿傚，英國、法國的煙草公司也不甘落後，紛紛推出本國的「摩登」形象。一時間，名媛淑女、歌舞明星、大家閨秀、小家碧玉，以及市井流鶯、新潮時美，紛紛在煙畫的舞臺上出場亮相、一爭瑜亮。到了十九世紀末葉，「摩登」煙畫已成為香煙的替代符號。「摩登」煙畫的出現，就代表著香煙的到來。在一個相當長的歷史時期，煙草在攻佔世界市場的任何一個領域時，煙畫和煙畫上的「摩登」，都充當著衝鋒陷陣急先鋒。

女人「甜蜜的微笑」和令人「難忘的秋波」有著巨大的懾服力量，把美女和香煙擰在一起，是煙草廣告史上的一大發明。「斯莫爾效應」對近代廣告設計有著巨大的影響。這幀作品是美國早期出品的煙畫《摩登美人》。

　　根據現存於上海檔案館中的《頤中檔案》記載：香煙在我國出現的時間是 1885 年。是由上海的茂生洋行代理銷售美國杜克公司生產的「小美女」牌香煙開始的。由於美國煙葉優於我國的土煙，且煙絲細軟、配料精良，吸食方便，不過幾年，香煙就成了時髦的東西。彼時有一首《竹枝詞》寫道：

　　　　貧富人人抽紙煙，每天至少幾銅錢；蘭花潮味香無比，冷落當年萬寶全。

　　為了進一步打開中國市場，日本村井兄弟商會社和大美煙草公司、英國威爾士公司，開始把中國的「摩登」請上煙畫舞臺。用東方風情來打動中國癮君子們的心。果然，這一計劃一炮而紅，給煙草公司帶來了巨大的經濟利潤。

　　這是日本村井兄弟商會社在二十世界末葉出版的第一組印有中國「摩登」的香煙畫片，是附贈於「孔雀牌」煙包之內的小禮品。這些摩登佳麗移步煙草戰場，就此拉開了「中國煙畫史」的序幕。

　　這些印在煙畫的女人能代表當時最美的女人嗎？是最時髦的「摩登」嗎？她們姓什麼？叫什麼？有據可考嗎？

　　有。真有。筆者研究煙畫多年，還真的發現不少「摩登」的蛛絲馬蹟。例如，日本「煙與鹽博物館」保存有一張由日本商業美朮大師伏木英九郎設計、村井兄弟株式會社 1901 年出品的「雲龍牌」香煙廣告。畫上繪有京劇《白水灘》的劇照。飾演「十一郎」的「摩登」女子，她是什麼人呢？說來也巧，據中國故宮博物院研究員最近的披露：她們在慈禧太后收藏的《戲劇扮相譜》、《京劇照片》等平時展玩的雜件中，竟保存有幾幀明信片和「江南名妓」的照片。其中，一張明信片印有京劇《白水灘》的劇照，畫中人與「雲龍牌」香煙廣告上的人物長得一般無二。明信片旁邊署名「李媛媛」。同時，還有一幀李媛媛的素身照片，照片的背面後邊書有「武榜狀元」之稱，顯然，她是上海《遊戲報》選出的一位「色藝雙全」的名妓。她的玉照能夠儕身於慈禧皇太后的個人收藏之列，足證，彼時江南「摩登」們的影響之大，確實名動公卿。而且，她們早已捷足先登，與煙草業結下了不解之緣，充當了煙草公司的「代言大使」。

清末明信片印有名妓李媛媛飾演「十一郎」的京劇《白水灘》劇照，與村井兄弟株式會社出品的「雲龍牌」香煙廣告中的人物一般無二。

村井兄弟株式會社出品的「雲龍牌」香煙廣告，現存日本煙與鹽博物館。

名妓李媛媛的照片。原存故宮慈禧太后寢宮之內。

　　又如，日本村井兄弟株式會社出品的煙畫《揚州百美圖》中，「摩登女子」們也各具芳名，各有故事。只是時間久遠，史料難尋，故不能一一詮釋了。但也能發現花界赫赫有名者，譬如，煙畫中有一位叫「小顧蘭蓀」的小姐，她也是上海《遊戲報》在光緒庚子（公元 1990 年）票選出來的一位「摩登小姐」——「庚子夏榜狀元郎」。在慈禧皇太后的私藏中，也能看到她的芳蹤。

《遊戲報》在光緒庚子（公元一九〇〇年）票選出的「庚子夏榜狀元」小顧蘭蓀。此照片現存北京故宮博物院《內檔私存圖目》之中。

這幀煙畫係英商村井兄弟株式會社出品，附贈於「孔雀牌」香煙包內。

　　故宮博物院的研究人員介紹，宮中收藏著的這幾幀標注「狀元」、「榜眼」字樣的年輕女子照片。若按現在的審美標準，她們不一定都能稱作美人。但相貌端莊，衣著時尚，實有當時的「明星」風度。

　　光緒二十三年（公元 1897 年），上海《遊戲報》的主筆李伯元，他是譴責小說《官場現形記》的作者。平時語出犀利，對科舉制度極其不滿，便在報上創建「花榜」，實際意在譏諷政治。他在報紙上推出「豔榜三科」（即花榜、武榜和葉榜），公開票選名妓。此舉轟動南北，影響一時。同年七月初七「女兒節」首屆花榜發布，推出一甲（即狀元、榜眼、探花）名妓張四寶等三人、

二甲名妓蔡新寶等三十人。大多被最時髦的「姑蘇名妓」全部包攬。這些「摩登佳麗」開風氣之先，在服飾穿著和行為舉止上引領潮流，被視為時尚的代表。慈禧太后欣賞譚鑫培、朱素雲、王瑤卿等名伶，宮中主要娛樂就是聽戲，並收藏大量京劇、崑劇的劇照。這些時尚名妓的照片隨著民間報刊流入宮內，也是不足為怪的事情。

筆者收藏的煙畫上的女人玉影，成百上千，肥楊瘦燕，各有芳姿。有晚清的花國領袖，有民國初年的名閨名媛，也有出入社交場所的「交際花」、「時代女」，更有二十年代的「新女性」、「大摩登」，三十年代的電影明星、戲劇皇后、歌星、舞星、豔星、泳壇健將、女子運動冠軍、校花、名票……，應有盡有。不同時代的「時尚名女人」，賽金花、呂美玉、潘雪豔、阮玲玉、蝴蝶、楊秀瓊……，她們的倩影在煙畫上閃亮登場。她們的音容笑貌，活靈活現地保存在小小的畫片之上。她們一個個眉目傳情、櫻唇欲語，似乎有說不盡的故事要向今人傾訴。她們的衣著打扮、髮型頭飾、春山秋水、淡抹濃妝，及其與時俱進的千變萬化，莫不記錄著昔日歲月的光輝與繁華。若依其出版先後順序排列開來，真可以稱得上是一部珍稀的《近代女性儀容史》。

它會給今日的美容師、化妝師、美髮師、服裝設計師和影視工作者們帶來豐富的遐想，也會給民俗學、社會學的研究者們，提供不少集腋補裘的視覺資料。對於今日的戲劇、電影、影視導演和造型師說來，也是一部有價值的參考書。為了使青年讀者瞭解舊日的時尚變遷和世態民風，筆者便「依煙畫之圖，溯婀娜之史」、梳理成冊，今與花木蘭文化出版社合作刊出，也算是願祈「今人識舊月」的一點初衷。

第一章 清代末年的花國領袖
（1898～1910）

　　1898年，第一套印有中國「摩登」的煙畫——《揚州百美圖》在中國大陸誕生了，並且開始在「孔雀」牌香煙中大規模地配贈。著名的民俗學家金受申先生曾在《立言畫刊》上著文說：

　　　　這組煙畫是「以照相翻印光緒年中揚州名妓（實在不僅揚州），畫作淡赭色，畫中人像全身或坐或臥或立，配以外景，共一百四十四片（筆者按：應為185片）。以名妓的衣履（大部纏足）頭飾，及所配外景來觀察，這些名妓若活到現在（按：即1940年），至少也有六、七十歲了。」

　　這套煙畫，恰好迎合了當時的世風所好，有效地刺激了日本村井兄弟商會社的產品——「孔雀」牌香煙的在華銷路。所造成的轟動，使得其他在華設廠的外國煙草公司也紛紛改弦易轍，競相傚仿，開始設計發行中國的「摩登」煙畫。

　　從此，小小的煙畫開始放棄「西女洋漢」，開始脫去了西裝，換上東方衣履，使「洋摩登」轉身變成了中國的本土的「大摩登」。待到 1904 年，我國民族企業家曾少卿先生創辦了第一座民資捲煙廠，既「中國煙草公司」之後，第一組中國自產的煙畫——《清代美女》也隨之誕生了。從此，拉開了長達半個世紀「摩登」煙畫的序幕，為我們研究近代婦女解放和妝容服飾變化，提供了豐富、詳實、具體而生動的第一手資料。而下，我們將根據這些資料來進行這一方面的分析和研究。

　　大家都知道，不同時代女性的修飾打扮、妝容服飾都是不一樣的，不同時代的人，對女性的審美標準也是各不相同的。那麼，到底什麼樣子的才稱得上美女哪？落在紙上的，無非是「沉魚落雁之容、閉月羞花之貌」，「眉若春山含黛、眼若秋波迷離」，其形如「翩若驚鴻，婉若遊龍」；其態若「榮曜秋菊，華茂春松」。遠望之，「皎若太陽升朝霞」；近觀之，「灼若芙蓉出淥波」；但是，這些都是需要進行二次思維創造的形容詞，理解力差的、想像力不豐富的，一時還真摸不著頭腦。而歷代著名大畫家筆下的美女形象，也真夠人看一氣的。展子虔旳洛神像個小布偶；周昉《簪花仕女圖》中的宮嬪，一個個胖得像個佛爺；唐伯虎畫的美人兒，直挺挺的如同燭蠟；陳老蓮筆下的佳麗，更像是先天發育不足的侏儒。這些天仙般的美女，著實叫人哭笑不得。在照相機尚未發明之先，我國的大畫家們一向以「只求神似，不求形似」自詡，從來不強調寫實、寫真。因此，不同時代的「摩登」，也只能靠人們的想像「自我完美」去了。

　　那麼，清代末年的美女是什麼樣子呢？好了，二十世紀九十年代，照相機已經傳進了中國，能印製肖像的照相版印刷品也已堂皇登場，並且開始傳播。筆者在這一章中，精選了數十幀光緒年間日本煙草公司出版的中國美女煙畫。從中，人們可以看到清朝末代中國時髦美女的真實形象。雖說從時間上來看，與今日只有百年之隔，在歷史的長河中本不足以一瞬，但對女性妝容服飾審美的變化之大，真是令人匪夷所思！今人看來，當年她們的衣著打扮是那樣的奇特怪異、不可理解。豈不知，彼時能夠榮登花榜的女人，無一不是傾城傾國之貌的天仙美女呀！

蟬首蛾眉　古風怡然

清代漂亮的女人是個什麼樣子呢？有一齣膾炙人口的評劇《花為媒》，其中有張五可誇李玉娥的一段唱詞，寫道：

> 好一個俊俏的女子啊，
>
> 張五可用目瞅，
>
> 從上下仔細打量這位閨閣女流；
>
> 只見她的頭髮怎麼那麼黑，
>
> 她那梳妝怎麼那麼秀，
>
> 兩鬢蓬鬆光溜溜，何用桂花油？
>
> 高挽鳳簒不前又不後，有個名兒叫仙人鬆。
>
> 銀絲線穿珠鳳在鬢邊戴，明晃晃——
>
> 走起路來顫悠悠、顫顫悠悠、真亞似金雞怎麼那麼亂點頭。
>
> 芙蓉面，眉如遠山秀，杏核眼靈性兒透，
>
> 她的鼻樑骨兒高，相襯著櫻桃小口，牙似玉、唇如珠、它不薄又不厚，
>
> 耳戴著八寶點翠叫的什麼赤金鉤。
>
> 上身穿的本是紅繡衫，摳金邊又把雲子扣，
>
> 周圍是萬字不到頭，還有個獅子解帶滾繡球。
>
> 內套小襯衫，她的袖口有點瘦，
>
> 她整了一整妝，抬了一抬手，稍微一用勁，透了一透袖，
>
> 嘿！露出來十指尖如筍，
>
> 她那腕似白蓮藕，人家生就一雙靈巧的手哇！
>
> 巧娘生下這位俏丫頭。

為這段唱詞的潤色的吳祖光先生說：「《花為媒》這齣戲首演於光緒末年，是評劇祖師成兆才的大作。他站在平民角度上，用世俗的眼光和活潑生動的語言，來描寫一位美貌的年青女子的模樣，這個模樣，實際上就是當時生活在市井中的一位有代表性的清代「摩登」少女的模樣。」

而在清季的文人士大夫的眼裏，他們中意的美人又是什麼樣子呢？

清代戲劇家李漁的《閒情偶寄》一書，對女性美多有論述。他認為「婦人嫵媚多端，畢竟以色為主」。而美色的表現，第一在於肌膚，且以膚色白皙最為難得。他說：「婦人本質，惟白最難。常有眉目口齒般般入畫，而缺陷獨

在肌膚者」。

其次，則是眉眼。他說：「面為一身之主，目又為一面之主」，眼睛是心靈的窗戶，眼睛的媚美，絕非等閒。「察心之邪正，莫妙於觀眸子，」李漁認為，女人的眼睛大小粗細與其人的情性剛柔，心思愚慧有密切關係。眉眼以細長清秀為最美，其性格必然柔和聰慧。

再次，則為手足。手以「纖纖玉指」為最美，足以「越窄越柔」為最佳。

最後是女人的修飾，李漁認為女人「無論妍媸美惡」，都要講究修飾。修飾不能過分，但也「不可不及」。對婦女的衣著，則提倡潔和雅。「婦人之衣，不貴精而貴潔，不貴麗而貴雅，不貴與家相稱，而貴與貌相宜。」他特別強調衣服的色調，要與人的臉色相協調。「面顏近白者，衣色可深可淺；其近黑者，則不宜淺而獨宜深，淺則愈彰其黑矣。」

才子徐震著有一本《美人譜》，他給當時的美人評選立了十條標準，他要求女人在「容、韻、技、事、居、候、飾、助、饌、趣」十個字中，都要佔有一定的分量。其中，第一個字便是「容」，也就是說，美人的容貌最為重要。要長得什麼樣子才能入圍呢？他說，女人的容貌必須是「蟬首、杏唇、犀齒、酥乳、遠山眉、秋波眼、芙蓉臉、雲鬢、玉筍、薑指、楊柳腰、步步蓮」，身材「不肥不瘦，長短適宜」才能達標，才有資格談得上漂亮。

這些條件，解析起來也就是說：美人要生有杏子核兒般的嘴唇；口中的牙齒，必須是「犀齒」。所謂犀齒，並不是犀牛的牙齒，古代有一種瓠瓜的瓜子兒叫「犀」，長得大小均等、潔白如玉，美人的牙齒應該像這種瓜子兒一樣，排列得整整齊齊；胸乳的部位要生得細白綿軟；眉毛要像彎彎起伏的遠山，眼睛如同秋天的湖水一般的清澈；臉盤的顏色要像池畔的芙蓉花，白中透粉，粉中有白；頭髮如同春雲一樣舒卷；手臂如同新剝出來的玉筍；十個手指一定要像柔薑一般細嫩；腰肢要像楊柳一樣款款可擺；兩足纖纖，走起路來步步生蓮。

其中，唯獨「蟬首」二字最為重要，對於今人說來，也最為費解。細考「蟬首」這個詞兒最早出現於《詩經‧衛風》中的《碩人》一章。詩中寫道：

碩人其頎，衣錦褧衣。齊侯之子，衛侯之妻，東宮之妹，邢侯之姨，譚公維私。手如柔荑，膚如凝脂，領如蝤蠐，齒如瓠犀，蟬首蛾眉。巧笑倩兮，美目盼兮。

這首詩歌是讚美衛王的妃嬪姜莊是如何美麗的，作者用了一系列比喻性

的徘句，十分細膩地勾勒出了一幅美女的圖畫。她，身材高挑修長；一雙纖手，柔如茅草的嫩芽，又白又嫩；她的皮膚好似凝脂般的細膩白皙；脖子像剛剛孵化出來的幼蟲，嬌嫩柔軟，吹彈得破；她的牙齒細白如玉，整齊得像一排排列齊肩而立的白瓜子；她的額頭十分地飽滿，眉毛細長；盈盈一笑，醉人心脾；美目顧盼，令人魂消……。這首詩是我國古代描寫美女的第一部開山之作。清人姚際恒在《詩經通論》中斷言：「千古頌美人者，無出其右，是為絕唱」。

請注意，詩人在詩中特別強調美人的額頭，又寬、又方、既堅實又飽滿，要像「螓」的頭一樣。

「螓」字，音秦（qín）？它是個什麼東西呢？古書上說它是一種蟬一樣的昆蟲。它的軀體很小，但是，額頭長得又大又方，而且，額上還長有五彩斑斕的花紋。筆者至今不解，古代的衛國人為什麼要用這種方額的蟲子來比喻美人。顯然，在那個時候，女人的額頭不方、不寬，不是「大鏟兒頭」，就算不上是美人了。這一審美標準，竟然一直沿續了兩千多年之久，成兆才的「美人贊」，很多形容詞與《碩人》同出一轍，只不過是大白話而已，二者難分軒輊。

我們可以從許多的書中讀到古代女子晨妝的故事，她們常常是半夜三更起床，對著鏡子化妝。做起頭來，一定要達到「螓首蛾眉」的水平。大家主的太太、小姐，少不得還要丫環下人們幫忙。「三百六十行」中就有「插帶婆」一行，幹的就是這種專門出入閨閣，為婦女「螓首蛾眉」，修面、鉸臉的技術工作。

舊時的鉸臉，是用一種絲線打成麻花結狀，用雙手一鬆一緊地在女人額頭、臉上反覆滾動，把女人臉上和鬢角、前額上的汗毛一一拔去，使其更加光鮮潔淨，人就漂亮起來了。姑娘出閣前的「開臉」，就是把額頭修整得更整、更方正、見棱見角，那可真是一件正經八板的大工程！如同人生大典一樣。屆時，父母娘姨、姑表至親，都分外關注此事，送禮祝賀，酬答回禮，是要大大地熱鬧一番。

姑娘一開臉，螓了首，就算是成了人了。積習成俗，女人的額頭修很寬不寬，兩個總角修得方不方、齊不齊，是能不能入圍美女的第一標準。我們從光緒年間出版的這些美女煙畫中，也能領略一二。

這幀煙畫係英商村井兄弟煙
草公司出品，附贈於「孔雀
牌」香鉺包內。誕生於 1908
年左右，是當時公認的一位
大美人。她的容貌便是：「蟬
首、杏唇、犀齒、酥乳、遠山
眉、秋波眼、芙蓉臉、雲鬢、
玉筍、薑指，不肥不瘦，長短
適宜」，正好附合清季文人的
審美標準。

《遊戲報》在公元一八九八年票選出的名妓「戊戌
春榜狀元」林絳雪，似與煙畫上的人物相貌相同，
只是衣著頭飾有異。此照片現存北京故宮博物院《內
檔私存圖目》之中。

　　依照徐震的《美人譜》再說下來，「韻」字，說的是韻致。美人要有情調，
如「簾內倩影」、「歌餘舞倦」、「詩成擊節」、「對花倚欄」等，凡有此種種溫柔
遣綣之態的，才能給予考慮。

　　「技」，則要求美女要掌握有琴、棋、書、畫、針黹刺繡一類技藝；

　　「事」，是指女人需在讀書、作畫、焚香、煎茶、看花、撲蝶等閒雅的活
動中，展現出她們的優雅之美；

　　「居」，是指美女所處的環境，要有金屋、玉樓、雅室、妝臺，還要有象
牙床、芙蓉帳；

這是一枚日本村井兄弟商會社在 1905 年出版的一幀煙畫。它描繪了，在人生大典中，婦女「開臉」是重要的一項目。開臉就是要拔淨額頭、鬢角上的毛髮，使之蠶首方正。拔時並不用刀剪、鑷子，而是用絲線絞拔。是一種專門的技術，會做這些事的婦人，亦稱插戴婆。

　　「候」，說的是美女在不同季節裏，不同時令中的所表現出來的自然美，譬如她在「畫船明月、雪映珠簾、夕陽芳草、雨打芭蕉」等富有詩意的不同環境中，都在幹什麼，有什麼表現，才會襯托出她的風流高雅；

　　「飾」字，則坦直地說明，一個漂亮的女人要注重衣著，要注重的修飾，要擁有珠衫、綃帔、鳳鞋等高級衣物，還要有玉珮、明璫、珍珠項練、瑪瑙首飾等高級裝飾品；

　　「助」，則說美女身邊要有必不可少的「象牙梳、菱花鏡、玉鏡臺、端硯、玉簫、毛詩、韻書」等，甚至把「俊僕美婢」也列入此列。只有這十種條件具備，才能入選美女之列。如此之說，實在是玄之又玄。如果不是名門大戶之女是很難沾邊兒的。但是，這種品評標準是當時為人首肯的。

　　這組煙畫上的摩登佳麗，儘管都是風月場中的人物，美與不美，姑且莫論，但是，她們也都遵從這一標準，一定要立在涼亭花徑、繡閨琴臺之前，搔首弄姿地擺出各種姿式，藉以趨時入雅，以儕身於封建文人所設立的美人標尺之下。這一時期的「摩登」，全是方額細眉，杏口櫻唇；團髻齊鬢，額前束繒；長裙長裳、杯履纖足；或立或坐，或俯或仰；大都認真地學步效顰，來模仿著名媛淑

女，充當美女佳人。在男性社會陰影的籠罩下，她們立在照相館的水銀燈前，如同剛剛放出牢籠的小鳥，一個個驚惶毂觫，神色茫茫，手足無措，不知所以。

〔煙畫鑒賞圖錄〕

1. 名稱：《揚州百美》

出品：日本村井兄弟商會社　MURAI BROS CO. LTD

規格：45×66mm　選24枚；

年代：1898　附贈於孔雀牌香煙

視點：滿漢相融的服飾

寬袍博帶　滿漢風光

我們先看一下彼時女士們的服飾。

大家知道，任何一次改朝換代，服飾都要有一次顯著的變更，以示與前朝不同、面貌一新。明朝即歿，滿清入主中原，政府首先要做的一件事，就是強令漢人薙髮易服。順治二年，皇帝親自頒發了《薙髮令》，強迫成年漢人限期剃去額前頭髮，後腦梳起髮辮，以示臣伏歸順。對於漢人婦女，也要她們脫去傳統的大襟袄衫和透地長裙，一律穿上滿人的無領對襟袄褂和長褲。由於，南北漢人的強烈反抗，為此還多次引發戰爭。清廷才對婦女、兒童放寬一碼，恩准她們的服飾還可以沿襲舊制。但是，對於男人決不放寬一絲尺度，「留髮不留頭，留頭不留髮」的政策，一直貫穿大清王朝的始終。其間，因為不從，不知割去多少漢人的頭臚。

這是煙畫《揚州百美圖》中的兩幀，圖中站立的婦女是一身典型的滿旗妝容打扮。頭上梳有「兩把頭」，身著滿旗傳統旗袍。足下蹬著一雙「花盆底」鞋。另一張則為傳統的漢裝。

漢族女子得以保留上衣下裳、兩截穿衣的著裝特點，平時穿襖裙，裙內穿褲子。如果下身只穿褲子而不套裙裝，說明這個女人沒有地位，非僕即婢，出身卑賤。彼時，女人的上衣，從內到外的穿著，依次為兜肚（束胸）、小襖、大襖、坎肩、披風等。兜肚以銀鏈懸於頸部，只有前片而無後片。小襖可用綢緞或軟布做成，貼衣穿用。大襖則按季節分有單、夾、皮、棉之別，外罩坎肩多為春寒秋涼時穿用。披風，則是天涼時外出穿用的衣服，有保暖禦寒的作用。

滿族女子入關之初，是穿袍子而不穿裙子的，日常服裝是袍子裏面穿褲子。滿族貴婦穿的禮服袍，袖口上還要加縫馬蹄袖，並且繡上繁複的裝飾和配件。便服袍分為兩種，一種是有可以單穿的襯衣；另一種是可以罩在外面的氅衣。

襯衣為圓領，右衽，撚襟，直身，平袖，無開衩，有五個紐扣的長衣。袖子形式有長袖、舒袖、半寬袖三類，袖口內另加飾袖頭，是婦女的一般日常便服。高檔次的襯衣是以絨繡、納紗、平金、織花的為多。平民則以棉布、土布製作。

氅衣與襯衣款式大同小異，不同之處是指襯衣無開衩，氅衣則左右開衩高至腋下，開衩的頂端必要飾以雲頭圖案；而且氅衣的紋飾也比較華麗，邊飾的鑲滾更為講究，在領托、袖口、衣領至腋下相交處及側擺、下擺都鑲滾不同色彩、不同工藝、不同質料的花邊、花條、「狗牙兒」邊等。花紋講究「三鑲三滾」、「五鑲五滾」、「七鑲七滾」，甚至繡到「十八鑲」都不為過。而且鑲邊多用大紅大紫，與衣料異色，務求鮮豔奇麗，看得人眼花繚亂。時人稱之：

> 滿身鑲滾，遍體欄杆；不見秀色，唯見花衫。

尤以江南地區為最。《訓俗條約》中記有：「婦女衣裙，則有琵琶、對襟、大襟、百襉、滿花、洋印花、一塊玉等式樣。而鑲滾之費更甚，有所謂白旗邊、金白鬼子欄杆、牡丹帶、盤金間繡等名色。」

氅衣多在正式場合穿。袍褂一般沒有領子，所以貴族女子平時在家時，也都圍著一條小圍巾。這種小圍巾，一般是寬二寸、長三尺的絲帶，從脖子後面向前圍繞，右面的一端搭在前胸，左面的一端掩入衣服撚襟之內。講究的圍巾一般都繡有花紋，花紋與衣服上的花紋配套，還鑲有金線及珍珠。平民之家則用素色帶，或與襯衣滾邊同色的織帶圍用。這種裝飾是與她們祖上狩獵，長年生活在寒冷地帶的部族習俗所養成的。

入關之後，她們在與漢族人長期相處之間，滿、漢婦女的服裝款式開始互相影響，取長補短、融通交匯，三百年間有了重大的改變。漢裝滿化、滿裝漢化。到了清代晚期，漢滿相融，形成了煙畫上所印的一系列的「摩登」式樣。例如，早期袍身寬大的滿裝，變得越來越窄；袍服的腋部的收縮也已不太明顯，廓形基本上呈平直狀。袍服的領和袖，還有衣襟，也都鑲上了寬闊的花邊。

這是攝於十九世紀末葉的一幀廣東官僚內眷的照片。坐中的旗籍婦人穿著已經漢化了的服裝，上身的長袄寬袍闊袖，下穿繡有「馬面」的百褶湘裙，是下改良的「花盆底兒」。神態矜恃淡漠，一片恬然。

漢族貴婦的盛裝與滿族的盛裝也頗相似，是漢滿相融合的結果。

　　原本緊身緊袖的漢裝，此時也變成寬袍大袖；上承漢制，下融滿服，是漢滿合璧、融合改良。《揚州畫舫錄》卷九中，有一段關於清代女裝的簡略記載，文字不多，卻記下了具體的衣衫尺寸和裙子的製作方法。文稱：

　　　　女衫以二尺八寸為長，袖廣尺二，外護袖以錦繡鑲之。冬則用
　　貂狐之類。裙式以緞裁剪作條，每條繡花兩畔，鑲以金線，碎逗成
　　裙，謂之鳳尾。近則以整緞折以細縫，謂之百折。其二十四折者為

　　玉裙，恒服也。

　　漢人漂亮的「月光裙」、「百褶裙」，也成了滿族婦女的常服。從中，我們可以看到清季女裝的總體形制。在封建婦德的桎梏下，她們把自己的胸、腰、臀部的「三圍曲線」，都深深地遮掩於寬肥的長衣之內。「寬袍博帶，滿漢風光」，是晚清時代女裝的最大特徵。

〔煙畫鑒賞圖錄〕

　　1. 名稱：煙畫《揚州百美圖》

　　出品：日本村井兄弟商會社　　MURAI BROS CO. LTD

　　規格：45×66mm　選 9 枚；

　　年代：1898　附贈於孔雀牌香煙

　　視點：注意她們的蟬首蛾眉。

2. 名稱：煙畫《清末美女牌九》

出品：日本村井兄弟商會社　　MURAI BROEHERS LTD

規格：36×64mm　選8枚；

年代：1904年　附贈於雲龍牌香煙

視點：注意她們的蟬首蛾眉。

削肩裹足　殘病是尚

> 二八的俏佳人懶梳妝，
>
> 崔鶯鶯喲得了不大點的病啊，躺在牙床。
>
> 躺在了床上她是半斜半臥，
>
> 您說這位姑娘，
>
> 乜呆呆又（得兒）悶悠悠，
>
> 茶不思、飯不想、孤孤單單、冷冷清清、
>
> 困困勞勞、淒淒涼涼、獨自一個人，
>
> 悶坐香閨，低頭不語，默默不言，腰兒受損，
>
> 乜斜著她的杏眼，
>
> 手兒托著她的腮幫。

這是清代詞人韓小窗所寫《大西廂》中的一段名曲兒，為「鼓書大王」劉寶全唱了一輩子，大街小巷也紅了幾十年，時人評論這段詞兒為「美人絕唱」。他寫的是崔鶯鶯的嬌媚神態，恰好代表了清代畫家、藝人在塑造「佳人」形態美上的一種追求理念。其實，細品起來，它是一種很不健康的「病態美」。這種「病態美」一直是清代婦女的桎梏。

上古時期，男人和女人尚是平等的，她們一起狩獵、一起戰鬥、生兒育女，共同生活。女媧補天、嫘祖蠶桑、湘女尋夫、嫦娥奔月的故事，都記述了上古女性的不凡。自從孔老夫子倡導「男主外、女主內」，「女子無才便是德」，「女人難養」和「三從四德」等大道理之後，中國女人的社會地位、家庭地位每況愈下。不僅人格遭受歧視，身心也受盡折磨，以至連肢體外型都遭到了嚴重的破壞性的摧殘。

康有為對這些被侮辱被損害的婦女長期被「抑之，制之，愚之，閉之，囚之，繫之」的痛苦。其中「跰束其腰、雕刻其身」，束胸束乳，使婦女處於「為囚」、「為刑」、「為奴」、「為玩具」的地位。他對這種「遍屈無辜、遍刑無罪」的做法，是「天下最奇駭、不公、不平之事」，是天下無數女子的「彌天之冤」、「沉溺之苦」。

毛澤東在青年時代，也與同齡的熱血青年一樣，對女子的處境大呼不公。他在《湘江評論》創刊號上，大聲地疾呼：

> 或問女子的頭和男子的頭，實在是一樣。女子的腰和男子的腰
> 實在是一樣。為什麼女子頭上偏要高豎那招搖畏風的髻？女子腰

間偏要緊縛那拖泥帶水的裙？我道，女子本來是罪人，高髻長裙，是男子加於她們的刑具。還有那臉上的脂粉，就是黥文。手上的飾物，就是桎梏。穿耳包腳為肉刑。學校家庭為牢獄。痛之不敢聲。閉之不敢出。（引自 1919 年 7 月 14 日《湘江評論》之《女子革命軍》）

　　其中最為甚者，是女子的束胸和纏足。原本是好端端健康的身體，上身卻不讓乳房長大，下身是不讓雙腳走路。女人的身軀何罪之有，偏要受此刑戮！但是，在千百年來封建的奴役、教化，社會對之熟視無睹、輿論對之置若罔聞，連受害者本人竟然也糊裏糊塗地人云亦云，本末倒置地把「美」當成「醜」，把「醜」當成「美」。被人賣了，還幫助人家數錢！

揚州青樓中的一對有名的「姊妹花」，姊名「憐香」，妹名「惜玉」，二人出局會客，從來同出同入、形影不離，時有鸞鳳之譽。

滬上名妓張書玉，時有「冷美人」之稱，謂其「神色冷雋，儼若神仙」。然而，用現代的眼光審視，皆「胸如板鴨、足如錐筒，身軀胸僂，神態可憐」的病人。

《遊戲報》庚子年（公元一九〇〇年）曾為南渡避難的天津妓女舉行花榜大選。這幀照片係頭魁花蘭芳。從照片上看其人貌似桃花、然身體弱不禁風，雙足小於三寸，是個很難走動的畸型人了，人稱「抱小姐」。

　　本節所選的「摩登」煙畫中，盡可看到彼時社會對美的本末倒置、黑白顛倒。以及把女子「束胸」、「纖足」的殘病之軀，贊為「絕代佳人」的積弊之頑。

　　對於女人束胸歷史研究，說法不一。一種說法是春秋時代的遺俗，還有一種說法，女子的束胸之俗起源於明代。此說朱元璋在推翻元朝、建立大明帝國以後，先是禁胡服、胡語和胡姓。繼而下詔：要求男女「衣冠，悉如唐代形制」。而且規定民間女子的袍衫，只能用紫綠、桃紅、及淺淡顏色，不能用大紅、鴉青、明黃。各類系帶、「主腰」，也只准許使用藍絹布製作。

　　所謂「主腰」，指的便是「束胸」。「束胸」的外型與背心相似，開襟，兩襟各綴有三條襟帶，肩部有襠，襠上有帶，腰側也有繫帶，可以起到調節束胸和腰部鬆緊的效果，它的主要作用，在於限制女性乳房的隆起。這項分明是矯枉過正的政策，目的就是要讓漢族女人的乳房，一定要與乳峰高聳的「胡女」有所區別。女人「束胸」是一種「大漢文明文化」的宣示。誰成想這種政

策，久而成俗，從此，女人束胸成了天經地義的事情，並且一代代地沿傳了下來。

至於女子纏足的歷史，那可就長了，清人費錫璜把它追溯到先秦。他說《修竹閣女訓》中早有記載：「本壽問她母親，女孩子為什麼一定要包腳？」她母親回答說：「聖人重視女子，為了不使她們輕舉妄動，所以才把她們的腳包起來。」他還列舉唐代詩人白居易描寫「上陽宮白髮宮女」的詩：「小頭鞋履窄衣衫，天寶末年時世妝」，就是最好的根據。

清人余懷在《婦人鞋襪考》中則認為，纏足是南唐李後主發明的。李後主宮中的嬪妃窅娘，纖麗善舞，深得後主寵愛。有一次，後主命窅娘用帛纏足，屈為新月狀，而後著上素襪，行舞蓮中，迴旋有如凌雲之態、飄飄欲舉。自此，宮人爭相仿傚，纏足之風驟起，一直傳流至今。

纏了腳，弓鞋也就講究起來，人們給了它很多界定。三寸為金蓮，四寸為銀蓮，三寸與四寸之間的，稱為四照蓮，大於四寸的，則為鐵蓮，五寸以上為千葉蓮。其他，還有釵頭蓮、單葉蓮、穿心蓮、碧臺蓮、并蒂蓮、同心蓮、分香蓮、纏枝蓮、倒垂蓮、朝日蓮、西番蓮之稱，花樣翻新、不一而足。據說，在清代的江南，女人的腳還有小於三寸的，行走的時候，必須由他人攙扶，人稱「抱小姐」。時風所致，清末的山西，將每年農曆六月初六定為「晾腳會」。屆時，小腳女人們一個個粉香脂膩，盛裝門前，脫鞋伸腳，任由過往行人品足論貌。會後還要評出前三名，依次稱為：「足王、足霸和足后」。榜上有名者頓時身價百倍，上門求婚的日日盈門、絡繹不絕，俱是豪坤富戶有地位的人。

更有不少酸腐的「愛蓮癖」，為「三寸金蓮」制定了數不清的標準。他們說：美足必須「光、滑、細、膩、白、嫩、甜」。女人的金蓮則有「九品」之別，

> 其中「纖細得中，修短合度，如捧心西子為神品；柔不勝羞，瘦堪入畫，如依風垂柳為妙品；骨直以立，忿直以奔，如深山道人餐松茹柏為清品；紆體放尾、微本濃末，如屏開孔雀為珍品；尖而長，晰而瘠，如飛鳧延頸為清品；豐肉而短、寬緩以荼，如玉環霓裳一曲為豔品；窄亦棱棱，纖非甚銳，如米家研山，雖一拳之石，而有山崩雲墜之勢為逸品；纖似有尖，肥而近俗，如秋水紅菱、春山遙翠為凡品；尖非瘦影、踵則猱升、如大家婢女學夫人，終不似真為贗品。」

如此煽情的品評，實把健康的女性推向了自殘的絕境。

這張煙畫《坐女》，是有意識地展示她的三寸金蓮。足上所穿的繡花弓鞋，更是她們的驕傲之處。清末山西的每年農曆六月初六「晾腳會」，大概就是這般光景。女人不以此為辱，還帶三分自豪地向世人炫耀、展示。

坐著的民初美女。係法國攝影家歐文攝存。

　　據《文史資料》記載：袁世凱在高麗（朝鮮）當督軍的時候，娶了三個朝鮮女子當姨太太。當袁世凱當了大總統之後，三個朝鮮姨太太的天足可就有些不好看了。於是，這些姨太太就想起了一個跳芭蕾舞的辦法，在腳底下綁上「寸子」，每天在客廳裏「跑圓場」。跑不好，袁大奶奶還要加以鞭笞，嚴加訓練。

　　什麼叫「寸子」呢？戲劇行內管它叫做「蹺」，外行叫「假小腳」或「裝小腳」。這種「蹺」，的前頭是一隻木頭鏃出來的「三寸金蓮」，後邊連著一個尺多長木柄，穿「蹺」的人，只能把足尖放入鞋內，再把「蹺」的長柄牢牢地綁在小腿上。外邊穿著襪，再在木製的小腳外邊套上小小的繡花鞋。這樣，人站起來就如同跳芭蕾一樣。走一圈下來，沒有點兒真工夫可吃不消。用這樣的方法來美化自己，為大總統爭面子，真不容易！

　　細考，這種「蹺」是乾隆年間的名伶魏長生發明的。他是個男旦，大腳

丫子，在臺上無論怎麼裝嫩，也遮不住裙子底下的風光。於是，他研究出了這麼雙「假腳」來。每當他綁上蹺，身量兒一下子就變高了，上身挺直，屁股上翹，走起路來扭扭捏捏，比女人還女兒。一上場，就是一陣炸了窩的好兒。就這麼著，旦角的「蹺」功就在戲劇行中傳了下來。這一典故，在張次溪先生編纂的《清代梨園史料集》中均有詳述。

這是清末名伶余玉琴演出京劇《青石山》的劇照。他在劇中飾演九尾狐仙，足下踩著的「蹺」只有二寸七分大小，是當年的「寸子」之最。他憑著這只「蹺」，在臺上載歌載舞、翻撲開打，在舞臺上享譽二十年之久。足證，在那個時代，「假小腳」也是魅力無窮。

現代京劇旦角足下踩「蹺」的表演。

民國期間，評論一個旦角的演技的好與不好，「蹺」功是一大考核標準。余玉琴、荀慧生、小翠花、毛世來、宋德珠都是一等一的頭牌，「蹺」功都是無與倫比的。解放以後，為了淨化舞臺，文化部廢除了「蹺」功。文革之後，「蹺」

又成了「國萃」被重新拾了起來。《小上墳》、《戰宛城》、《掛畫》等戲，旦角要是不踩蹻，反而變得沒有看點了。這些閒話似乎已脫離了原來的話題，但彼時舞臺上的熱點，恰也說明，清代朝野對女人纖足和「病態之美」的重視。

封建的道學先生們有著根深蒂固的「戀足癖」，但又怕女人的肉體和纖足對男性產生「挑逗」之嫌。因之，這一時間女人的服裝變得極為特別，一定要把「病殘」之軀悉數藏在寬袍博帶、闊袖長裙之內，唯恐它春光乍現、紅杏出牆。時人有詩嘲之：

> 肥肥衫子長長裙，一線蛾眉一點唇；可憐婀娜阿嬌影，好似罩入竹籠人。

在早期的煙畫中，特意印有女子纖足特寫的作品並不多，既使如此，當初的設計者也並沒有忽略對弓鞋的刻畫。筆者選擇了一些，以述彼時「摩登」女子的「殘病之美」。

〔煙畫鑒賞圖錄〕

1. 名稱：煙畫《清代美女》

出品：日本村井兄弟商會社　MURAI BROS CO. LTD

規格：35×66mm　選 3 枚；

年代：1898　附贈於孔雀牌香煙

視點：女人的平胸與纖足

2. 名稱：煙畫《清末美女牌九》

出品：中國紙煙公司

規格：35×66mm　選 18 枚；

年代：1898 年　附贈於愛國牌香煙

視點：女人的平胸、削肩與纖足

花國選美　豔幟齊張

　　逐美，在以男性為主宰的社會中是件無可厚非的事情。「食、色性也」，連孔老夫子對之也無可奈何。而狎妓則有猥褻下流之嫌，就不堪言語了。自商鞅為了搞活國家經濟而設立「女閭」之後，妓女就成了一個專門的行業，公開存在於社會，並且綿綿延延長達二千年之久。

　　滿清入主中原之初，為了清廉吏治，整肅頹風，曾經下令，京城之內取締妓院；嚴禁各級官吏嫖娼狎妓、侑酒行歡。違者削職問罪，決不姑息縱容。

這項政策在咸豐以前，貫徹得尤為嚴厲，至使清代都城妓館大量減少，幾乎到了全都關門停業的地步。咸豐以後，隨著國勢衰敗，禁令漸弛，官員狎妓之風漸起，但依然不敢公開。到了同光時期，就變得堂而皇之、形成風氣了。不少地方的官場甚至酒席間無妓不飲，無妓不歡。

據《京華春夢錄》記載：「帝城春色，偏嗜余桃。勝朝末葉，風靡寰宇。今之韓家潭、陝西巷等處，皆昔之私坊豔窟。鼎革後，雲散風流都成往事，於是娼家代興。香巢櫛比，南國佳人，慕首都風華，翩然涵止。越姬吳娃，長安道上，豔幟遍張矣。」

光緒中葉，此風更甚。妓館私寓，高張豔幟，車馬盈門，南娼北妓紛紛角逐於此，一些官吏還公然納妓作妾。有人曾做詩嘲諷官員狎妓：

　　　　街頭盡是郎員主，談助無非白髮中。除卻早銜遞畫到，閒來只
　　是逛胡同。

逛妓館，已成為京官們主要的娛樂方式。李伯元有一首《官狎妓》，寫道：

　　　　帽兒多半珊瑚結，褂子通行海虎絨。誰是官場誰買賣，夜來都
　　打大燈籠。幾人前導轎如飛，不是藍圍便綠圍。記得大風傾側日，
　　何如車馬壓塵歸。

這些候補官員弄來了官服，坐起了官轎，有長隨開路，打著燈籠到妓館去狎妓，還要擺出十足的官老爺派頭。

清代末年上海出版的明信片照片——上海名妓圖

　　彼時的名妓賽金花在接受報人採訪時曾說：「京裏在從前是沒有南班子（南妓）的，還算由我開的頭。我在京裏這麼一住，每天店門前的車轎，總是擁擠不堪，把走的路都快塞滿了。有些官職大的老爺們，覺著這樣來去太不方便，便邀我去他們府裏。這一來，我越發忙了，夜間在家裏陪客見客，一直鬧到半夜，白天還要到各府裏去應酬，像莊王府、慶王府我都是常去的。」

賽金花小照

這張畫片是英美煙草公司在 1905 年出品的《三百六十行》煙畫中，唯一的一張豎式肖像畫，名為「賽金花」。就行當而論，她的職業叫鴇母。也就是妓院的女老闆。賽金花未嫁之先便是妓女出身，待洪狀元死後，賽金花重操舊業，蓄養了幾名女子為妓，做起皮肉生意。賽金花自己倚欄賣笑，交接官場，名傳遐邇、風光一時。相傳庚子之亂，竟與八國聯軍的統帥攪到一處，鬧出無數韻聞。後來，因為她虐待妓女釀出人命，終被驅逐返籍。從她的起落，可以看到鴇母這一行的齷齪。

　　世風侈靡，狎妓之風濫觴，達官巨賈、文人雅士莫不醉生夢死地沉溺其間。自同治中葉起，一些有名的文人墨客就開始張羅起花國選美的活動。這一豔事幾乎每年一次，從未間斷。李伯元主筆的《遊戲報》、吳妍人主持的《笑報》、以及維新人物梁啟超創辦的《時務報》，在光緒二十一年（1895）、二十二年（1896）、二十三年（1897）連續張榜評點花魁。因而，還得到「騷壇盟主」、「花界提調」等褒貶不一的聲名。

　　這些花榜主持人如二愛仙人李芋仙、柘湖漁郎、癡情醉眼生等，他們平時以青樓妓院作消遣之地，以品花狎妓為最大樂事，且以做詩填詞為瀟灑風流。不少妓女，經這些文人學士的品評、鼓吹，名聲大噪，其中王逸卿、李佩蘭、李三三、朱素貞、孫文玉、朱玉琴、陸月舫、姚蓉初、王雪香等名妓，都是幾次花榜有名的人物。其中尤以李三三最為典型，她得到倉山舊主袁祖志的賞識，做詩吹捧，引來騷壇文人紛紛唱和。因之，得到《三三詞》六十餘首，刊行於世。使這位李三三的芳名，遍播士林。此外，名噪一時的「四大金剛」——林黛玉、陸蘭芬、金小寶、張書玉，也都「摩登」遐邇，豔幟飄揚，千金一面，好不風光。

這幀照片是極具代表性的晚清的時尚女裝。攝於 1900 年前後，是上海書寓中名妓的合照。她們的常服都是寬衣博帶、闊袖長裙，絲纏繡裏、古風凝然。裙下露出三寸金蓮，顯然是漢族女子，但她們服飾則已滿族化了。

　　本章所輯煙畫上的人物，正是這一時期的花榜倩影。讀者會詰問，今日又把這等人物刊出來，是不是有傷風雅呀！說來，筆者並無心為這些陳腐的舊事張目，只是把當年最「摩登」女人們的容裝打扮、衣冠服飾展示開來，使今人一目了然，一百年前中國時髦女子到底是什麼樣子。

這是日本村井兄弟商會社在 1898 年出品的煙畫——髦兒戲《思凡》的劇照，是一幀百年前禁戲「禁照」。劇中人為私奔的尼姑妙玉。

為上海華成煙公司在 1930 年出品的煙畫《思凡》的劇照，劇中人為梅蘭芳先生飾演私奔的尼姑妙玉。

　　這裡也順便提及一件趣事。在第一套印有中國「摩登」的煙畫《揚州百美圖》中，不獨全是花國的領袖人物，其中還摻雜一些「髦兒戲」的坤伶。比如這張插圖上的人物，身著古裝衣裙，雲鬢高髻，腰肢曼倩，手中持著一柄拂塵。就是當年「髦兒班」的劇照。該伶飾演《思凡》中的尼姑妙玉。從化妝上來看，與現在有些不同，妙玉不戴道冠兒，也不穿卍字坎肩兒。今日看來，這幀煙畫並無奇特之處。可當年卻是一枚只能躲在沒人的地方，自己偷偷看

的「豔照」。

據老《申報》記載，彼時滬上十分暢行這種髦兒班，據說有一個叫李毛的，「購置雛環學習唱戲，名曰貓（髦）兒班。紅氍貼地，翠袖揚風；繞梁喝月之聲，撥雨撩雲之態，足使見者悅目，聞者蕩心。名園宴客，綺席飛觴，非得女伶點綴其間，不足以盡興」，成了一時風氣。《思凡》是出常演的崑曲折子戲。描寫一個青年尼姑不堪庵堂寂寞，逃山私奔的故事。光緒十六年六月十四日，這齣戲被上海蘇藩司黃方伯列為有傷風化的「淫戲」，在《申報》上點名，予以取締。明令：「如敢故違，一經訪聞，定即封班拿究」。自然，這枚煙畫也在取締之列。

如今再看這張百年前的「禁照」，可想而知，當年的社會閉塞、迂腐如此，真是令人噴飯。

〔煙畫鑒賞圖錄〕

1. 名稱：煙畫《清代美女》

出品：日本村井兄弟商會社　MURAI BROS CO. LTD

規格：35×66mm　選21枚；

年代：1905　附贈於孔雀牌香煙

視點：她們的妝容與服飾

2. 名稱：煙畫《清代美女》

出品：大英煙公司　MANUFACTURED BY BRITISH CIGARETTE CO.
　　　LTD.

規格：35×66mm　選 18 枚；

年代：1908　附贈於大鷹牌香煙

視點：她們的妝容與服飾

第二章　民國初年女性的覺醒
（1911～1919）

　　為了壟斷世界煙草市場，美國杜克公司與英國威爾士公司聯手，於 1902
年成立了具有國際壟斷性質的英美煙草公司，總部設在英國倫敦。為了佔領
龐大的亞洲市場，他們在上海的蘇州河畔設立了駐華營銷總部。在開拓市場
方面，他們吸收了日本人成功的經驗，把在中國市場散發的煙畫，也迅速地
改為東方色彩。設計出版描繪中國人、中國事、中國風情的圖畫；在煙畫上
使用中國文字、中文廣告，使之成為中國人喜聞樂見的印刷品。從此，印製
中國的「摩登」美人，也就大行其道了。

英美煙草公司駐華總部的力量雄厚、技術高超，他們發行的「摩登」煙畫，要比日本的出品精美百倍。他們使用最佳紙版、最好的油墨，七色石印，鑲金覆銀，窮其奢華。這批「摩登」煙畫，經過百年的磨洗，迄今猶自光彩熠熠，畫中人物依舊栩栩如生。

1903 年，在商務總會長曾濤的支持下，上海聞人曾少卿亦創辦了中國第一家民資煙廠——中國紙煙公司，1905 年，日僑簡照南兄弟抱著「實業救國」的目的傾其所有，成立了中國南洋兄弟煙草公司。從此，中國人自己出品的「摩登」煙畫登場了。儘管這類煙畫存世很少，但從中依然可以看到，中國婦女的社會地位和精神面貌發生著顯著變化。

天足解放　羅襪生香

二十世紀之初，中國出現了翻天覆地的大變化。辛亥革命的成功，把統治中國三百年之久的滿清皇帝趕下歷史舞臺。清廷遜位，共和伊始，全體國民在革命政府的倡導下，開始了全新式的生活。新的政令法律去舊從新，如春雨一般頒示全國。一場移風易俗的颶風驟然而起，莫不觸及每一位市井百姓、飲食男女。各種文告明白宣布：禁止吸食鴉片、嚴禁蓄奴養婢、禁止買賣人口、改革舊日禮儀、取締一切巫卜迷信。對於男人則「限期剪除髮辮」，對於女人要「勸禁纏足」！

「斷髮易服」是一項改朝換代的社會標誌。女人放足，是近代婦女革命的必為之事！早在清代末年，就有人指出：「纏足是男子有意摧殘女權，約束女子的恐怖手段。纏足，不但束縛了女子的雙足，也束縛了女子的意志、思想和活力。」婦女要爭女權，求解放，首當其衝的事情，就是要解放小腳。

與整個政治革命大氣候一樣，解放小腳的運動也是先從南方掀起來的。早在 1882 年（光緒八年），康有為在廣東就謀創了「不纏足會」。1897 年，梁啟超和汪康年在上海亦組織了全國性的「不纏足會」。他們說：「褒衣博帶，長裾雅步」的服飾，尤其纏足陋習，只反映社會和經濟的停滯，不能使社會進步，趨向現代化。只有解放女子的小腳，才能顯示出堅決邁向現代化的意欲。

在 1912 年，南京臨時政府成立之始，立刻頒布了《令內務部通飭各省勸禁纏足文》，通令全國婦女放足。廣州、上海、武漢、南通積極響應，城市開化，婦女放足的事情進展得最快，放得也最徹底。最先受益的是垂髫女童，她們不

再受纏足之苦。政府一但發現守舊的家長還施故技，則視其為對抗政府，施以責罰。接著，已纏過足的少女獲救，將足放開後，還有望再長大些。中年婦人放足之後，步履也變很輕盈穩健，走在街上，無人歧視，真是天大的好事！

當年，評劇創始人成兆才先生和他的劇團，對宣傳婦女放足的事情就做出很大的貢獻。吳祖光先生曾把成兆才早年手寫的《花為媒》演出本給我看。他說：「很多人說原唱詞太粗、太粉、太不雅。不過我倒覺得裏邊還真有些進步成份。比如說「誇腳」這一段，在共和初創階段，能在臺上號召婦女放腳，那可真是件了不起的事！」手抄本上，張五可的唱詞是這麼寫的：

> 我們往下看可就是這麼大的兩隻腳，可也不為羞啊，
> 進在學堂學文明我們就學的這一招兒，
> 一些愚人說這大腳不好這小腳兒的好，
> 他是不開通啊，現而今還是我們大腳的為高。
> 我思想起心好惱，我願同胞還是明白的早，
> 養女兒裏的都是什麼腳，五六歲上裏上了，
> 要是裏得鬆了它是不能夠小，
> 若裏得緊了她是疼出聲猛把牙咬，
> 受殘屈她的身體兒弱，
> 可世上這個女子的難處再沒有比這個厲害的了，
> 我勸婦女你們全放腳啊，
> 共和國講女權還是大腳的為高！

在大潮流的推動之下，婦女們的小腳解放之後，行動自如，不再困於家庭深閨裏，開始胸懷大志，投身到社會中去，像男人一樣進學堂讀書，也可以參加工作，服務人群。男女平等的曙光，已躍然在前。

時人有《天足歌》唱道：

> 女子樂時期，天足幸福遇此機，
> 天足雖然大，不受人嫌欺。
> 鞋襪只潔淨，夫男公婆嬉，
> 天足修潔便是容易的。
> 女子樂何如？女得天足樂有餘；
> 登山或臨水，哪怕路崎嶇；
> 車船路途走，也無險處危，

萬國遊歷無處不相宜。

　　筆者在以後的一些章節中，選入了一些南洋兄弟煙草公司和英美煙草公司在二十世紀一十年代出版的煙畫《百美圖》等。畫中的人物已面貌一新，放了足的女性，她們積極投身到社會活動中去。她們在讀報、繪畫、講演、集會，她們在郊遊、在運動，放風箏、騎自行車，一張張笑臉，充滿生氣和活力。

這是南洋兄弟煙公司早期出版的《百美圖》中的兩枚。圖中女性的衣裝打扮已然大變，領子高了、裙子去了、腰束了、腳放了。不單如此，她們還在讀書看報、關心時事；她們開始走出深閨，去學堂讀書，去操場習武；開始參與社交活動、鍛鍊身體，去郊外遠足，登高望遠；高興時，會騎上自行車遊山玩水；為表達個人主張，會登上舞臺講演、直抒胸臆。這時的「摩登」女郎，一洗舊日的鉛華脂粉，昂首闊步地步入新生活，滿臉燦爛地迎接未來。

　　腳放了、包腳布丟掉了，足下的鞋子再也不是尖尖的了。國外傳進來的絲襪子就可以上腳了。一般研究服飾史的，往往忽略了女襪一層。

　　其實，從襪子的角度來形容女性步履輕盈的詞語早已有之。例如：「凌波微步，羅襪生塵」這一名句就出自曹植的《洛神賦》。意思是，洛神腳下濺起水霧，如似揚起的塵埃。此句恰恰說明三國時代的婦女，就已經用半透明的

紗羅來做襪子，以突出足部和腳踝、小腿之美了。

　　還有一個有趣的故事，出自《唐國史補》中，文中記楊玉環被白綾絞死在馬嵬坡的時候，可能在掙扎之間，甩脫出一隻「錦黝」，也就是一隻絲襪子。這只襪子被在馬嵬坡前開飯館的一名老嫗拾得，後來，凡是在她飯館中吃飯的客人要看一看這只香豔之物，藉以抒發感傷之情的。只要給錢，她就把這只「錦黝」拿出來，供大家憑弔一番，足見，絲襪自古有之，只不過都是上層女人才能服用。一般百姓是用不起的。

　　在清代末年，西方機織的絲襪已經進口到中國。這一點在溥儀寫的《我的前半生》中就已提及。不過宮裏堅決抵制洋貨，不准穿用。皇太后還把偷著買洋襪子給溥儀穿的小太監打了個半死。

　　織襪機是 1823 年英國工業革命時期賓得利公司的產物，這項發明使人類足下的襪子發生了劃時代的革命。男用的襪子姑且不談，女用的絲襪即可腳、有彈性，而且美觀漂亮，成為了女子服飾不可或缺的一部分。清代末年，織襪機是中國手工業最早引進機器之一，彼時上海一家一戶的小型織襪廠比火柴廠還要多，織出來的各種漂亮的短襪、褲襪、六分襪、九分襪，正好配合了女子放足運動。加之後起的女服改革，上衣下裙和上衣下褲的時應，女襪成了推波助瀾的急先鋒。抄本《民國歌謠》中有一首歌唱襪子的詩：

　　　　小囡子，腳兒俊，穿著襪子白潤潤，好像玉鳥落紅塵。小囡子，

　　腿兒長，穿上襪子真漂亮，好像小鹿跑過塘。

　　這一話題，在後文還要提及。

這是民國初年一大家閨秀的照片。彼時一些有文化的深閨秀女開始放足，並足穿進口絲襪，橫陳繡褥，備感時髦。

〔煙畫鑒賞圖錄〕

1. 名稱：煙畫《百美圖》

出品：廣東南洋兄弟煙草公司　NANYANG BROS TOBACCO CO.LTD

規格：35×64mm　選6枚；

年代：1911　附贈於大嬰孩牌香煙

視點：解放了的足部

2. 名稱：煙草廣告畫

出品：中國福新煙公司　FOOH SHING TOB.CO.

　　　南洋兄弟煙草公司　NANYANG BROS TOBACCO CO.LTD

　　　上海裕華煙公司　YU HUA TOBACCO CO .UNLTD.SHANGHAI

規格：不一　選 4 張；

年代：二十世紀一十年代初

視點：解放了的足部和襪子

窄衣瘦袖　裾短裙長

康有為早在 1898 年的《戊戌奏稿》中就提出：「今為機器之世，多機器則強，少機器則弱」，「以數千年一統儒緩之中國，褒衣博帶，長裾雅步，而施之萬國競爭之世，誠非所宜矣。」要想進步，儕身於先進社會的世界之林，改革寬袍大袖、長裙長裾的傳統衣服，勢在必為必行。

到了光緒末年，國人男女的常服已開始了潛移默化的改變。在大都會中，五花八門的奇裝異服也已頻頻出現。尤其，奢侈繁華居全國之冠的上海，女人們的一衣一服，莫不爭奇鬥巧，日出新裁。但是，終未形成服飾審美的統一氣候。

及至民國改元，廢除滿裝，國民易服，勢在必行。因為意見不統一，有的要恢復明朝制式，有的要學西洋，剛成立的臨時政府一時也難以做出決定。經過反覆的研究和廣泛地徵求意見，最後，只宣布了男人的衣服款式，要求在正式場合要著西裝、帶領結、禮帽。孫中山先生對西裝樣式繁瑣，穿著不便，就提議，參照日本近代男服的款式。設計出了一種關閉式八字形領口，裝袖，前門襟正中五粒明紐扣，後背整塊無縫。男服上下各有兩個口袋，分別代表「三權分立」、「五權憲法」等政治含義。這種新裝穿著簡便、舒適、挺括、精神，人們稱之為「中山裝」，並定為國服。

而女裝的款式久議不決，政府只好一拖再拖，使得女裝無章可循，一度淪為「亦古亦今，又中又西，不滿不漢，不洋不中」的尷尬境地。但是，這些並未阻止婦女易服的要求，她們自發地參照西裝的觀念來改良自己的服飾。在清季「寬袍闊袖、長裾長裙」的基礎上，顯著地把上衣收窄、縮短，把衣領誇張地高聳，把傳統的百褶長裙，逐漸變短變簡。

此時的上衣有衫、襖和馬甲之分，襖和馬甲的分別在於衣袖的有無。襖有袖子，馬甲又稱「背心」或「坎肩」，也叫「馬夾」，是沒有袖子的，穿在衫的外面。以襖為主的上衣，最初領子尚低，後來越來越高，最後發展到高及雙耳，人稱「元寶領」、「馬鞍領」。

最初，上衣的衣身很長，前垂及膝，後垂至股。民國七、八年後，開始變短，最終短至腰際。襖的式樣有對襟、琵琶襟、直襟、斜襟、一字襟等變化，下衣擺多是方形開衩。顏色方面漸漸擺脫奇麗色彩，趨向灰和藍等沉色。

這是一身標準的民初女性的服飾裝束，上衣長袄、下身長裙。走起路來，上身筆直，下身裙褶不擺不搖，一絲不亂。才能顯示出她的淡泊寧靜和賢淑教養。

　　裙子，一般還是延襲舊制，晚清時期，漢滿服裝互相交流，漢滿婦女都穿裙子。裙子的樣式有百褶裙、馬面裙、襴干裙、魚鱗裙、鳳尾裙、紅喜裙、玉裙、墨花裙、月華裙、粗藍葛布裙等，很多款式。

　　其中，百褶裙，前後半尺左右寬的平幅裙門，裙門的下半部繡有各種華麗的紋飾，花鳥蟲蝶最為流行，邊加緣飾。兩側各打五十褶，合為百褶。褶上也繡有花紋，上加裙腰和繫帶。底擺加鑲邊。

　　馬面裙的正面有平幅裙門，後腰有平幅裙背，兩側有褶。裙門、裙背加紋，上面有裙腰和繫帶。精美的繡工都用在「馬面」上邊。襴干裙的樣式與百褶裙相同，兩側打大褶，每褶間鑲襴干邊。魚鱗裙是用細絲線將百褶交叉串連，如魚鱗狀。

　　還有一種鳳尾裙，裙式以緞裁剪做成條帶狀，每條繡花，兩畔鑲以金線，碎逗成裙。一般與紅喜裙一樣，作為新娘的婚禮服。

　　月華裙和墨花裙是一種五色俱備的裙式，裙子的閃動之間，似月暈光華一般。至於，粗藍葛布裙，則是下層勞動婦女所穿的裙子了。

　　女人穿裙子，在顏色方面是有嚴格的界定。婦人平常穿的裙是黑色，遇到喜慶日子就穿紅色。正室夫人可以穿紅裙，茹夫人只能穿粉紅，寡婦係黑裙，老婦可以改穿黃裙。裙長蓋足，裙身的褶裥以多為貴，富貴人家多穿百

褶裙。穿這種裙子的大家閨秀，講究「蓮步姍姍，行若飄萍」，走起路來，上身筆直，下身裙褶不擺不搖，一絲不亂。絕不能讓裙褶「風起雲湧，駭浪驚濤」，才能顯示出她的淡泊寧靜和賢淑教養。

此照片為民國伊始富家女子的時尚衣著。上身衣短及腰，下身著馬面裙。裙的正面有平幅裙門，後腰有平幅裙背，兩側有褶。裙門、裙背加紋，上面有裙腰和繫帶。精美的繡工都用在「馬面」上邊。

最終，國民政革臨時參議院順應形勢，提出了一個《服制草案》。《草案》規定，女子禮服為上衣下裙的「套裙」。上衣「長與膝齊，對襟，五紐，領高一寸五分」。裙式「前後不開，上端左右開，質色繡花與套同。」至此，女子服飾的大局才算定了下來。

但《草案》必竟只是一個政府指導意見，並不能代替和壓制女性的創作性。隨著「天足運動」的深入，時尚婦人以放足為趨時。她們要把放開的腳亮出來給人看，方顯得趨時。從此，透地的長裙就不時興了，代之裙子往上提、往短裏縮。先是及踝，漸及小腿，後又及膝以下。到二十年代末，短裙、薄裙、素裙，也都紛紛登場，流行了起來。自然，各種顏色和長短不一的女襪也都不堪寂寞，隨其所需，呼之而出。

〔煙畫鑒賞圖錄〕

1. 名稱：煙畫《時美圖》

出品：英美煙公司　　BRTISH AMERICAN TOBACCO.CO.LTD.

規格：35×64mm　選 9 枚；

年代：1932　附贈於仙女牌香煙

視點：裙子

2. 名稱：煙畫《百美圖》

出品：廣東南洋兄弟煙草公司　NANYANG BROS TOBACCO CO.LTD

規格：35×64mm　選6枚；

年代：1911　附贈於大嬰孩牌香煙

視點：裙子

3. 名稱：煙草廣告畫

出品：南洋兄弟煙草公司　NANYANG BROS TOBACCO CO.LTD

　　　頤中煙公司　YEE TSOONG TOBACCO CO.LTD

　　　英國威爾士〔帝國煙草〕公司　W.D.&H.O.WILLS.

規格：不一　選6張；

年代：二十世紀一十年代初

視點：襖和裙子

上衣下褲　輕簡便當

　　民國五年（1916）前後，寬袍大袖、長繻緬襟的衣服，已改變成高胸、緊腰、隨身可體的短衣、短褲。間或配以比馬甲短得多的坎肩兒。這一時期的女裝以上衣下裙最為流行。上衣的樣式有對襟、琵琶襟、一字襟、大襟、直襟、斜襟等變化，領、袖、襟、擺多鑲滾花邊或刺繡紋樣，衣擺有方有圓、寬瘦長短的變化也較多。

　　彼時，時髦的女子們開始脫去了裙子，穿上色彩艷麗的褲子出現在公共場合上，這又是一場破天荒的革命。

　　說起褲子的發明，真還有一段有趣的故事。我國古代，男人和女人都是不穿褲子，只穿裙子的。《詩經》有「子惠思我，褰裳涉溱」之句，《易經》有「黃帝、堯、舜，垂衣裳而天下治」之文；上為衣，下為裳，垂裳，就是裙子。裙子只有長短、薄厚之分，中間是沒有橫襠的。帝王公卿和販夫走卒，皇后嬪妃和農家婦女，都是穿著裙子走來走去，待客，幹活兒。只不過，上等人用質料高級的絲綢來做，名曰「脛衣」，或稱「完裙」。而下等人的腰間只圍著亞麻布、苧麻裙之類，或短及膝頭的「犢鼻褲」。

　　有專家說，褲子發明源於南北朝時期的胡人。自趙武靈王胡服騎射之後，褲子才開始流行。而那時候的褲子，還都是開襠褲，為的是便於便溺。有襠的褲子，則是漢代上官皇后的發明。典籍記載，上官皇后是大將軍霍光的女兒，嫁與漢昭帝劉弗為妻。她見到劉弗的身體不好，而身邊的宮女們又都不穿褲子，則認為這樣對丈夫的身體健康十分不利。遂靈機一動，就發明了一種「窮褲」，把橫襠縫死，讓宮女們全都穿上。這樣一來，皇帝要行「周公之禮」，就增加上一道麻煩的手續。後來，這一發明得到推廣，連男人也都穿上了這樣的「窮褲」了。今日褲子的式樣就是這樣傳了下來的。

　　自古，女人在褲子之外還是要穿裙子的，因為褲子是見不得人的「褻物」，不能穿著它招搖過市。在正人君子面前，女人不穿裙子就如同光著身子一樣。自從廣州起義之後，百廢俱興，還醱成了一場「褲子革命」。起義後，廣州的女人開始穿著褲子上街了。對於這件事情，受過封建傳統教育的康同璧，頗不贊成。她在《民國日報》上寫了一篇《粵東風俗談》，稱道：

　　　　中外古今之女服無不長裙翩翩者，圖畫器物皆可具考，從未
　　有短衣無裙者。吾粵人之富而且文，不意女服變流奇詭至此。前

數年，吾所見粵中女裝，短衣及腰袖長過手，兩袴露股，且色尚緇黑，尤為樸野，良家少女尤有然者。歐美人來遊吾粵者，驚而怪詫，乃謂：彼女子也，何著歐洲之男裝？豈止不文，幾近服妖矣！

她認為「衣短及腰，兩袴露股」，是件非常不文明的事情。這樣的打扮在中國女服史上，是從來沒有出現過的。豈料，這種裝束穿著靈巧方便，人物氣象一新，深為社會所歡迎。次年，這種外穿的褲子便為上海時裝吸納，很快就普及起來。為了行動方便，婦女穿褲子的越來越多。這種女褲的褲臀部和大腿部很寬鬆，而且樣式繁多。從膝下褲腿放寬或以褶襇形式形成大褲管的，叫做「撒腿褲」；在褲腿底部開衩，近足踝處綴有細帶用以捆紮褲腿的，叫做「紮腿褲」，或叫「綁腿褲」。在褲腿下部逐步收縮的，則稱「緊腿褲」。

今日看來，這些細微的變化似乎沒有什麼值得一書的價值。豈不知，僅此一項改革，離漢昭帝的夫人上官皇后發明「窮褲」的歷史，竟相隔了千年以上。此時，一個深閨女子穿著緊身的衣褲出現在公眾場合上，當然是件相當「摩登」的事兒了！

上海和沿海大都會的「摩登」人物——妓女和女學生們，都開始穿著褲子滿街跑了起來。上海的妓女很多，「洋場十里，粉黛三千」，她們雖然階級低微，沒有地位，但她們勇於求變，最愛奇裝異服，而且衣著豔麗，作風大膽，惹人注目地表達著她們的反叛意志，成為時髦服飾的急先鋒。

另一批時髦服飾的急先鋒就是女學生了。自從開辦女學之後，女學生為數極多，成為社會上的一股新興勢力，她們接受新思想、新文化，主張男女平等平權，標榜自由，不拘舊俗，人稱她們為「自由女」。時人有詩讚之：

當頭新髻巧堆鴉，一掃從前珠翠奢；五色迷離飄緞蝶，真成民國自由花。

女學堂設有體操課，統一穿著「操衣」（運動衣），上裝為短襖，襖外束腰帶，下穿褲子，褲腳以帶綁束，為的是出操時走動便利。老《申報》對這種服裝還特別鼓勵，鼓吹說：「操衣式樣十分漂亮，領、袖、袴管上均飾有紅鑲邊的寬黑條，穿上十分威武」。於是，不少女學堂還把操衣定成為校服。給社會上的「褲子運動」更添了一把火，燒得更加炙旺。

　　這一點，在民國初年各大煙草公司出版的大、小廣告上有著明顯的證明。
千姿百態的「著褲美人」，領導著時裝的新潮流。

這是南洋兄弟煙草公司在 1915 年出品的一枚煙畫——「一對時髦的女學生」。當時，女學生的成分頗為複雜。有留學歸國者，有少奶奶不甘家中寂寞者，還有雛妓來求學的。她們衣著一改舊是闊袖長裾，一身緊身衣褲，頗為時髦。這種在褲腿底部開衩，近足踝處綴有細帶用以捆紮褲腿的，叫做「紮腿褲」，或叫「綁腿褲」。在褲腿下部逐步收縮的，則稱「緊腿褲」。

是南洋兄弟煙草公司在 1915 年出品的一枚香煙廣告畫——「時髦的少奶奶」。她穿的這種女褲臀部和大腿部很寬鬆，從膝下褲腿放寬，以褶襇形式形成大褲管的，叫做「撒腿褲」。

〔煙畫鑒賞圖錄〕

1. 名稱：煙畫《民初仕女》

出品：英美煙公司　BRTISH AMERICAN TOBACCO.CO.LTD.

規格：36×64mm　選6枚

視點：上衣和褲子

2. 名稱：煙畫《百美圖》
出品：南洋兄弟煙草公司　NANYANG BROS TOBACCO CO.LTD
規格：36×64mm　選 18 枚
視點：上衣和褲子

髮髻生變　劉海傳芳

屈原在澤上行吟時唱道：「余幼好此奇服兮，年既老而不衰。帶長鋏之陸離兮，冠切雲之崔巍。」詩人之所以愛戴高帽子，一方面是威儀，二是保護自己的頭髮。古人把梳好的髮髻藏在帽子裏，既乾淨又整齊。先哲訓示：「身體髮膚，受之父母，不敢有絲毫毀傷。」所以，男人和女人出生之後，皆不剪髮，全部留著，挽到頭頂上打個結為髻，是漢族的基本髮式。

女人比男人更加注重對頭髮的護理和修飾，還要把髮髻梳理出很多款式。而且，每朝每代依據其社會地位不同、身份不同、年齡不同、地域不同，其髮型都有著不同的規定和式樣。內容之繁雜、文化內涵之深奧，盡可由專家寫出一部專著來。筆者在這方面研究甚少，僅就「摩登」煙畫中所涉及的清末民初這一階段的女性髮式作些簡述。

滿清入主中原，強令男人薙髮易服。辛亥革命成功，民國政府亦頒布命令，令男子一律截髮剪辮，以掃除前朝統治的陰影。而女子的髮髻似乎還沒有什麼政治問題，所以，並無政令涉及，便依然故我，繼續她們的挽髻生涯。彼時，傳統的婦女髮髻儘管變化多端，但大致上可分為高髻、矮髻和鬢髻三大類。

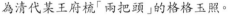

為清代某王府梳「兩把頭」的格格玉照。

這枚煙畫是英美煙草公司駐華總部成立之初出版的，彼時光緒、慈禧均在位，清宮如百足之蟲，死而未僵。皇族、王府的內眷們仍梳著「兩把頭」，擺著譜，保守著髮式的威儀。

　　高髻：古稱「四起大髻」，是用真髮摻入假髮，高高地紮在頭頂上，髻鬢之間綴插花鈿、釵簪，這都是宋、明時代貴婦的髮式，入清已不流行。唯有清宮滿族后妃皆梳「兩把頭」、「大拉翅」之類的高髻。漢族婦女則梳矮髻。矮髻，亦稱「低髻」，是把髻子挽於腦後，一般分為圓髻、螺髻、鮑魚髻，盤花髻，墮馬髻、愛司（ㄟ）髻、盤香髻、風涼髻、圓髻、道士髻，包髻、連環髻、一字髻、舞鳳髻、蝴蝶髻、散心髻等，五花八門，各具其妙。在髮髻間插上一朵茉莉花，或金翠珠玉，絧花絹蕊，更是別有風韻。鬟髻，則是把全部頭髮挽在一起紮住，再分成若干綹，每綹繞成鬟，紮為五雲鬟，丫鬟髻等。通常為少女、丫環紮用。再有，就是梳辮子了，一般是小姑娘梳的髮型。這些髮式在清代末年還很流行，但是革命一起，女人的髮髻也跟著起了變化。

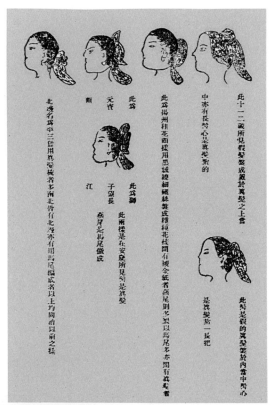

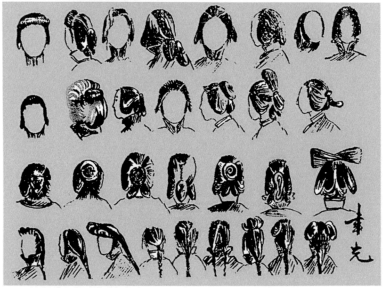

這兩幀圖畫的是清末民初中國婦女髮髻的變化圖。上圖為崇德老人曾紀芬所繪，下圖為民初報人韋光所繪。都是很有價值的文獻資料，因為煙畫多畫女人的正面臉頰，表現髮髻圖式的背影不多。所以特刊於此，以為圖證。

　　變化的原因自然也是與政治有關，比如「兩把頭」、「大拉翅」等高髻，原本是清皇族、王府內眷、八旗眷屬們的專利。清廷遜位，賴以支持的冰山已倒，沒有威儀可擺了，再梳那種一尺多高的髻子，也就沒什麼意思了。一進民國沒多久，這種清裝旗頭也就淹旗息鼓、銷聲匿跡了。於是，「漢髻」時興起來。最初，因為女裝的衣領高抵面頰，髻式多挽在頭頂。

　　曾國藩的小女兒曾紀芬（號崇德老人）在她的自撰《年譜》中述其一生所見所聞近代掌故之外，還論及了清末民初近八十年來中國婦女妝束的變遷，首言髮髻，次論衣裙，而且附有圖說。可以說是我國第一部「婦女容妝史」。她記載了清代末年，婦女用真髮和假髮夾雜混用梳成的髮髻圖樣有數十種，其中有「揚州桂花頭」、「獅子望月頭」、「平三套」等，都很有史料價值。

　　辛亥革命前後，一些青年婦女將後髻盡都改為前髻。維新的女子還束髮於頂，樣子很像日本婦人的大盤髻，起了個革命的名子「共和頭」。「鑒湖女俠」秋瑾梳的就是這種「共和髻」。

　　《立民報》曾著文，把彼時流行的髻式分為八種式樣：「一曰堆雲掩月、二曰綠雲鎮鳳、三曰東南鬢影、四曰綠鬢堆雲、五曰樣翻墮馬、六曰雙鴛戲影、七曰雲鬢倭墮、八曰舞鳳堆鴉。」當然，這八大式樣並不能涵蓋一切，各種新式樣隨時創造出來，爭奇鬥豔，頗生情趣。

　　在容妝方面，原本時興的「濃妝」，已開始過時。女子化妝強調「天然去雕飾」，由重施粉墨，逐漸轉為素妝淡抹、輕染春山、略施朱粉。這種比較樸實簡約的化妝，隨著髮髻的變化流行起來。

　　因為這一時期出版的「摩登」煙畫，多為女人的正面的容貌，而梳於腦後的髻丫變化，表現出來的有限。筆者只選出了數枚作為圖例說明。其後，社會上又發明了覆額妝、新月妝，迴雲妝、憑欄妝，髮型髮式開始在女人顏面部分發生變化。二十年代，最突出的則屬「劉海」了。

　　「劉海」亦叫「劉海兒」和「齊眉穗」。這個名子的來源很特別，據安徽《鳳陽府志》記載：劉海是唐代的一位仙童，他的前額總是覆蓋一排整齊的短髮，模樣十分童稚、可愛。民間傳流著很多有關他的傳說，如「劉海砍樵」、「劉海戲金蟾」等。在歷代畫家的筆下，劉海的肖像便是前額垂著短髮，騎在蟾蜍上，手中舞弄著一串金錢。後來，民間就有一些女人和小孩仿傚著他的樣子，在額前留了一些短髮。於是，人們就把這種短髮叫「劉海」了。

廣東南洋兄弟煙草公司在1917年出版的「新潮婦女」的煙畫。

革命勝利後的廣州，婦女的容妝髮式率先發生了變化。把不同式樣的髮髻梳於腦後，顯得格外幹練利落，人物精神面目為之一新。

　　女子額前梳「劉海」的髮式，起於何時呢？據說，源自唐朝的武則天時代。相傳武則天執政時，大理寺的特務機關曾破獲了一起陰謀刺害武則天、進行宮廷政變的集團。武則天在這個集團的名單中發現，竟然有她的寵臣上官婉兒的名字。不由得勃然大怒，立即將上官婉兒召來問罪，並施以黥刑。行刑前，武則天問她：「昔日你的祖父結黨謀反，被打入天牢處死。我念你才華出眾，才用你為御前女官。不料你竟然恩將仇報，要暗害我！」上官婉兒坦然一笑，說：「陛下可曾記得，奴婢曾三次擋駕的事情嘛？」武則天遂想起，是有幾次在御花園擺宴，都被上官婉兒呈奏，轉駕回宮的。便承認確有此事。上官婉兒說：「陛下可知那時御花園中，早已危機四伏了。當時，我參加了謀反集團，就是為了暗中保護您呀！」一席話說的武則天啞口無言，深悔錯怪了她。怎奈皇帝是金口玉言，黥刑還是要照舊執行。不過行刑時，只在額前刺了一朵梅花。雖說並不難看，但終究是個恥辱。上官婉兒

就從額頂梳下一縷青絲，剛好遮住這點朱記，並稱之為「劉海」。宮中妃嬪們看了這種髮式，覺得比頭髮全部向後梳要秀美得多。於是紛紛仿傚，一朝一代地傳了下來。

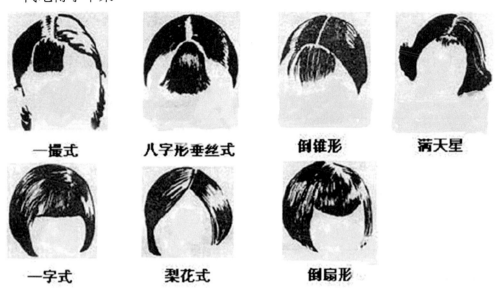

一撮式　　　八字形垂丝式　　　倒锥形　　　满天星

一字式　　　梨花式　　　倒扁形

滿清入主中原之後，男人前額薙髮，女人前額講究「大開臉兒」，致使漢人女子額前留「劉海」的習俗逐漸抿滅。大多傚仿旗人婦女，也方額絞臉、腦後梳髻了。而且，以前額越光潔、越方整，也就越是美麗。

到了光緒庚子年後，由於西方勢力的入侵和滿人統治明顯的衰落，有些漢族婦女開始改變旗裝旗頭，又開始在額前留髮了。「劉海」給人以懷舊的感覺，整個額頭呈圓弧形的髮絲覆蓋，大有「雲遮月」的含蓄之美；若把它朝一邊撫過去，又能展現出微風輕撫的感覺，更顯得十分嫵媚。這種「劉海」適合年輕圓臉的女孩子，可以使整個臉部輪廓看起來更加清晰俊俏。所以，在清末民初這一階段，女子額前留「劉海」的逐漸多了起來。人們謔稱之為「毛毛頭」，但是，彼時並未形成潮流。

民國伊始，滿族文化勢微，漢族文化抬頭，女學生們開始梳起劉海兒來了，且以留額髮為時尚。當年《順天時報》曾刊有《女學堂注重海髮》一文，寫道：

> 本埠各女學堂，凡赴學女生，除一律放足外，其頭前尚須剪有
> 海髮（俗名齊眉穗），以重形式（尚不一律）。現東南城隅草廠庵官
> 立第九女學，開學伊始，所有赴學各生，均奉有該堂教習命令，一

律剪劉海髮。並聞該教習當眾宣示，如我身當教員，尚多如此，爾輩各生，尤須一律仿傚，不得稍有歧異云。

左圖為英美煙草公司在二十年代出版的煙畫《百美圖》，圖中的時尚婦女均留著各式各樣的劉海。

當時女人的一張照片，隨著婦女服飾的變革，大都會的婦女都認為額前劉海更能增添嫵媚。時人有《上海婦女之新妝束》一文中稱：「婦人之妝束，最足翻新花樣者，莫如頭髮，即劉海髮一種，亦有種種之不同，有尖者，有圓者，有高者，有平者，今則一律掠起，大似雲霧掃盡，乃見清光。」

「劉海」的盛行，使女人們動盡心機，把額前的秀髮可勁地美化加工，使之千變萬化，花樣翻新，大有互爭雌雄之勢。最早流行「一字式」，把額前的髮簾留長二寸，剪得齊整，蓋在眉間。有的則高於眉上半寸，名為「霽光襯月」；也有把「劉海」留得很長，幾乎遮蓋兩眼，名為「煙柳泛波」。未幾，「劉海」又發展為「垂簾式」，將額前髮剪成圓角，呈垂絲狀；還有一種「燕尾式」，將「劉海」剪成兩綹，修剪出尖角，像燕子尾巴一樣。再後來，

又風行一種極短的「劉海」，遠遠看去若有若無，如同「滿天星」一樣，時人稱為「遠山雲霧」。

　　「劉海」的風行，還影響到戲劇舞臺上旦角們的化妝。舊日京劇的旦角兒，不論青衣、花旦、閨門旦，都是「包大頭」，額上一排「小彎」，呈半圓型貼於前額。而後再插「泡子」、簪花鈿。梅蘭芳先生幾次到上海演出，都入鄉隨俗，努力吸收最新的化妝技術，用來豐富自己。先是畫眼圈，隨後，又吸收時人對「劉海」的偏愛，在花旦的化妝上，把額頭正中間的「小彎」剪散開來，好似一抹髮簾一樣。上得臺來，更顯得人物活潑可愛，很受觀眾歡迎。其他的旦角演員們也都多相傚仿，對戲中角色造型刻畫，就顯得更加深入細緻了。

〔煙畫鑒賞圖錄〕

　　1. 名稱：煙畫《清末仕女》
　　出品：英美煙公司　　BRTISH AMERICAN TOBACCO.CO.LTD.
　　規格：36×64mm　　選 3 枚
　　時間：1905
　　視點：滿、漢的高髻

2. 名稱：煙畫《民國仕女》

出品：南洋兄弟煙草公司　NANYANG BROS TOBACCO CO.LTD

規格：36×64mm　選 6 枚

時間：1915

視點：廣東時尚女子的妝容服飾

3. 名稱：煙畫《民初仕女》

出品：英美煙公司　BRTISH AMERICAN TOBACCO.CO.LTD.

規格：56×67mm　選 4 枚

時間：1921

視點：額前的劉海

4. 名稱：煙畫《梳劉海的女人》

出品：：南洋兄弟煙草公司　NANYANG BROS TOBACCO CO.LTD

規格：36×64mm　選 16 枚

時間：1919

視點：各式劉海

5. 名稱：煙畫《彩照美女》

出品：英美煙公司　BRTISH AMERICAN TOBACCO.CO.LTD.

規格：56×67mm；選 26 枚。

時間：1922

視點：劉海和衣著

第三章　二十年代之女權申張

（1920～1929）

　　二十世紀二十年代的中國，那真是個了不起的時代！儘管社會動盪，軍閥混戰，西方列強的侵掠，但是，對於中國人說來，依然是一個充滿夢想的年代，尤其是在經歷過「五四」運動之後，中國的男人、女人們有一個共同的夢想，那就是追求「青春中國的再生」。

　　「五四」運動所激發起來的民主思想，給被奴役了幾千年的中國婦女以特別深的啟示。她們要以全新的姿態去「打破迷信」、「打倒禮教」，和男人一樣英勇地投身到大革命的洪流中去。在妝容服飾方面，她們剪短了頭髮，摒棄了首飾，大膽地改變著桎梏般的服裝，勇敢地解放自己的身體……，努力

地重新塑造自身形象。「五四」的婦女解放，是從全方位、多角度地推進開來，聚塵沙成高塔、匯涓流成江河，最終，贏來了自身形象翻天覆地的變化。

彼時，上海大大小小的煙廠林立，多達上百餘家。這一時期出版的香煙畫片不計其數。「摩登」煙畫也多到無以復加的程度。從這些玉照倩影上，使人同樣能領悟到時代前進的脈搏，以及婦女形象更新蛻變的風雨歷程。

斷髮易服　崇尚男裝

南北朝的時候，有一位花木蘭姑娘，她代父從軍，毅然脫去紅裝，挽髮成髻，換上男人的衣裳，騎馬持槍，「萬里赴戎機，關山度若飛」。此後，巾幗英雄層出不同，尤其，在社會大動盪的時候，女人要像男人一樣儕身到主流運動中去，斷髮易服，崇尚男裝的欲望，從來都是很強烈的。

「五四」運動的婦女解放精神，突出地強調「男人能辦到的，女人同樣也能辦到」。更有一些激進的青年男女喊出了「時代不同了，男女都一樣」的口號。男人上大學念書，女人也能上大學念書；男人上街遊行，女人也上街示威；男人投筆從戎、從軍北伐，女人也可以衝鋒陷陣、流血疆場。

古代女子剪髮標誌著有以下幾個原因，一是犯罪就戮，二是出家為尼，三是守志守節，四是鬻髮求乞。除此之外，冒然間剪去長髮者定是精神病人。因之，在民初斷然剪髮的女人都是敢於「吃螃蟹」的英雄。

　　在容妝服飾方面，這種衝動首先表現在女子剪髮上。1919 年 12 月 5 日，北京《晨報》刊登了《論婦女們應該剪頭髮》的文章，一開頭作者就說：「女人比男人不自由的地方——因為女人受了頭髮的束縛。但是，我們為什麼要用頭髮來束縛我們呢？長頭髮洗時頂麻煩，洗了還要等它乾，乾了，還要梳，不但洗頭費我們的時間太多，就是梳頭也費我們不少的時間，而男人剪短頭髮，快捷了當，令婦女相比之下大為吃虧。現在，男女平權，剪髮不應是男人特有的權柄，男人所能做的事女人沒有不能的。」

　　上海《婦女雜誌》也登載了毛子震的《女子剪髮問題的意見》，文章痛陳長髮之害。強調蓄髮會導致體位失衡，並且因為長髮不便洗濯，會有細菌滋生而誘發疾病；同時還會妨礙精神休息。這些議論，對女校學生的反響最大，不少女孩認為言之有理，就不顧家長反對，毅然剪短頭髮。至於，中年知識婦女剪短的原因，還有反對日本帝國主義的愛國因素在內。

　　彼時，已婚的婦人都梳髻子，而且，大多梳的是高聳頭頂上的「東洋髻」。在「五四」運動的影響下，人們抵制日貨，抵制日本文化，追求進步的知識女性在這場「女子剪髮」的討論中，紛紛剪去了高髻而梳成短髮。例如，彼時上海的一家報紙報導：「寧屬某女學堂校長某，因鑒於外交失敗，特組織一遊行演講會，冀以喚醒國民，前日出發時，詎以倉猝失檢，仍挽東洋髻，經人指謫，校長頓悟，立自斷其髮，以謝眾人，眾為感動，共歎該校長之勇決不止云」。

這兩幀英美煙草公司在二十年代初出版的《時尚女性》，顯然是兩幀人工著色的肖像照。彼時還沒有電動燙髮設備，但用鐵製的手工燙夾把短髮燙出彎曲的小花兒，也是非常時髦的事兒。

自此，女子剪髮在社會上形成了高潮，連理髮館都打起了「專剪短髮」的招牌，作為生意的號召。短髮的時興，也促進理髮師們的技術的提高。建於公元 1895 年的揚州老字號──「紫羅蘭」理髮店的楊長生師傅現身說法，在報刊上向女人們介紹各種剪短髮的技巧。他說：「夾剪，是用右手梳直一股頭髮，用左手食指、中指夾住，然後用右手拿剪刀修剪左手指夾住的那股頭髮。一般是從左到右，再從右到左，先兩側至後頸部，最後剪頂部至前額，也有從後頸部剪至兩側，最後剪頂部。抓剪，與夾剪不同，夾剪夾起頭髮成片形，修剪後髮梢平齊，而抓剪手指抓起的一股頭髮成一束，基部大，髮梢集中成尖狀，修剪後髮梢成弧形。挑剪，則是用梳子挑起一股頭髮，用剪刀剪去過長的髮梢。一般用於調整層次或修飾邊緣輪廓。此外，還有壓剪，托剪、懸空剪、鋸剪、削剪等多種手法。這些技巧，豐富了女子短髮的髮型，使其更加美觀大方。」一時間，街上剪了短髮的女性，如過江之鯽，成了二十年代初的一道亮麗的風景線。

接著，女子著男裝也成了一種時髦的話題。作家許地山就是一個熱心的倡導者，他說：女子都與男子平權「非得先和男子底服裝一樣不可，男子底服飾因為職業底緣故，自然是很複雜。若是女子能夠做某種事業，就當和做那事業底男子底服飾一樣。平常底女子也就可以和平常底男子一樣。這種益處：一來可以泯滅性的區別；二來可以除掉等級服從底記號；三來可以節省許多無益的費用；四來可以得著許多有用的光陰。」

那麼，女子究竟應穿什麼樣的男服才合乎時代精神呢？

女學生突破高壓的封鎖，上街遊行，礙於裙子行動不便，開始學習男生身穿長衫上街響應。此風氣亦傳到各大城市的婦女界。上海大罷市，南京大遊行，女子們也都戴白帽，著長袍，到市間散佈傳單。此時的報刊，就開始鄭重其事地討論《女子著長衫的好處》，號召穿男子的長衫，有「便利、衛生、美觀、省錢」四大好處。

作家曹靖華則提出堅決的反對意見。他說「我認定著長衫的人，都是敗類的分子。（也有好些的，只是占最少數罷了）不是政客官僚，就是騙子闊少爺。王怡柯君也說過：『中國的事都叫穿長衫的鬧壞了！』──參觀《心聲》第五期──簡單說來：『穿長衫就是表明他有一種惰性！』」曹靖華的結論是：「平素我最欽佩的，就是那頭腦簡單、人格高尚、著短衣的勞動界。並且世界文明國的人，著的盡是短服。那麼，我們著了長衫，差不多就是掛了一個

野蠻人的招牌！我所主張的，簡單說來，就是『男子去長衫，女子去裙。』

祝如椿男裝

女人著男裝，遠遠看來幾乎和男人一樣，這便是二十年代初的一種時髦。在「五四」
文學作品中，不乏這樣的「摩登」。這幀照片是當時的名妓祝如椿女士的玉照。

影響所及，上、中等人家的小姐、女學生也都以身著男裝為時尚。她們穿上自家兄弟
或長輩的長袍馬褂，跑到照像館照張像頗為時髦。

這一場大辯論，雖然並沒有什麼結果，但女性服裝的男性化到是得到了實踐。不少女士頭上戴上了男士帽子，上身穿著男人的短衣，出入市井，參加集會，與男士一般無二。還有一些女士，乾脆在裏邊套有男士的長袍、穿上男人的褲子；還有的穿上洋裝，一身西服革履；有的一身獵裝，制服馬褲，足下還蹬上長筒皮靴。據當時的報載：還有不少大小姐，乾脆叫下人們呼她為「二爺」、「三爺」。她們一身男裝，手中還拿起了文明棍兒，出入戲樓、茶館等公共場所。《點石齋畫報》上還有一篇報導，說一位女扮男裝的大小姐，竟然闖進了男人的澡堂子。她們對世人的訕笑，全然不顧，不以為然。這種現象，從一定的角度反映出一部分激進女性迷茫的叛逆精神。

〔煙畫鑒賞圖錄〕

1. 名稱：煙畫《剪髮女郎》

出品：中國福新煙公司　FOOH SHING TOB.CO.

規格：45×66mm　選 6 枚；

年代：1921

視點：不同式樣的短髮

2. 名稱：煙畫《第二套中國交際花》

出品：英美煙公司　　BRTISH AMERICAN TOBACCO.CO.LTD.

規格：45×66mm　選 15 枚；

年代：1928

視點：多種款式的短髮

3. 名稱：煙畫《第一套中國交際花》

出品：英美煙公司　BRTISH AMERICAN TOBACCO.CO.LTD.

規格：45×66mm　選9枚；

年代：1926

視點：多種款式的短髮

4. 名稱：二十年代煙草廣告（局部）

出品：中國大東煙草公司

中國中和煙公司

中國福新煙公司　FOOH SHING TOB.CO.

規格：不一，選6幀

年代：二十世紀二十年代

視點：短髮型

5. 名稱：煙畫和煙草廣告

出品：英美煙公司 BRTISH AMERICAN TOBACCO.CO.LTD.

南洋兄弟煙草公司 NANYANG BROS TOBACCO CO.LTD

規格：不一，選 3 幀；

年代：二十世紀二十年代初

視點：女子身上的男裝

天乳運動　自然奔放

　　前邊講過清朝末年女子放足的問題，女子不再裹腳了，這本來是天大的好事，一定會贏得舉國上下一致的歡迎。誰成想，儘管朝野已達成共識，並且形成決議，由慈禧皇太后親自下達了懿旨，責成各級官吏監督執行。奈何，我國國民特有的思維惰性所致，實施起來卻困難重重。女子放足運動只是在大城市獲得成效，而在廣大農村，直至二十世紀三、四十年代，才徹底根除這一積弊。至於，號召女子解放自己的乳房而掀起的「天乳運動」，比起「放足運動」來說，則又晚了許多年。

　　我國女子的乳房，在孔老夫子「唯小人與女子難養也」的理論指導下，它只不過是奶孩子的一種家什，要麼，就是供男人洩欲的一件穢物，從來也上不了檯面，更談不上它是女子身體美的一部分。在古代描繪女性美的文字中，女人的顏面、頸部、手臂、纖足，均可以入詩入賦，唯獨沒有讚美乳房的詞句。偶有所見，也無非是「酥胸一抹」而已。在諸多的古代文學作品中，一寫到女子的乳房，就會與性交聯繫在一起。如道教的經典名著《紫金光耀大仙修真演義》，把女人的乳房只當成男子採戰時的「三峰大藥」；蘭陵笑笑生則把潘金蓮的乳房，寫成西門慶白晝宣淫的玩物。更有甚者，湯顯祖在用花卉比喻女人的身體部位時，竟寫道：「奶子花，摸著奶」，「向陽花、日的愛」。也毫無掩飾地把乳房和性交連到一起。在舊文人的筆下，從來對女人的乳房就沒有過絲毫的愛撫和尊重。

　　至於我國古代的繪畫作品，對於女人的乳房更無一幀完美的描摹。明刊本《金瓶梅詞話》插圖中的女裸體最多，但她們的身軀都被畫得像個口袋，乳房則是在一個「V」字中間再加上一個黑點兒，就代表了它的全部。就是在世界上都大大有名的中國第一部套色木版春宮畫──《風流絕暢圖》，畫中的性感裸婦，她們的乳房也都是乾癟如餅。倒是明版關漢卿《竇娥冤》中的插圖，被綁縛的竇娥上身赤裸，她的乳房畫得雖然突出，但也是乾癟下垂，顯然是一對受過「壓迫」而變型的「袋乳」。由此給人們的印象，好似我國古代的婦女從來就沒有過健康、優美的乳房。

　　這種現象一直到民國初年依然故我，沒有絲毫變化。所以，在此之前各煙草公司所推崇的摩登女人的肖像，自然也都是「平胸之美」。這些「摩登」佳麗，一個個都是面容嬌好，而胸如「板鴨」。婦女不解自身之苦，社會輿論對此更是冷漠無睹。彼時，對女人的審美標準就是「溜肩滑背沒屁股，胸傴

含胸水蛇腰」之屬的病態之美。俗語說：「男人胸大主富貴，女人胸高主賤淫」。
大概，最標準的女性美乳，就是王實甫在《西廂記》中描寫崔鶯鶯的乳房了，
是一對小小的「肉揣」。

既使辛亥革命勝利、民國建元之後，興利除弊，移風易俗，婦女服飾進行了多種改革，
連千年的陋俗「三寸金蓮」都已革除。而女子束胸之苛俗，如金科玉律一般，始終不
能禁除。因此，儘管她們的上衣由寬大變得緊身纖短，紋飾由繁至簡，但是，決不放
低衣領，更不能放大胸高。彼時的美女佳人，一一個都是高領緊繫、溜肩窄胸，遠觀
都有上窄下寬的寶塔之嫌。

　　是一種什麼東西阻止了女子乳房的正常發育哪？筆者查遍史書，皆無記
載。到是在一本不見經傳的元人筆記中，記有南方少女在天癸初潮之時，由
母親用一幅寬有尺餘的綢布，在胸前緊緊地纏繞兩周，端際用針線密密縫牢，
如同綁上貞節帶子一般。這樣，就防止了乳房的長大。其方法與用包腳布纏
足一樣，同樣的殘酷，同樣的野蠻。在明代的文獻中，就有了明確的記述了，
管這種束胸布叫作「主腰」。

　　除此之外，就是人們通常用的兜肚（古代亦稱「襪腹」、「腰彩」、「抹胸」）
了。這種兜肚是一塊剪成盾牌形狀的紅布，可以遮過肚臍，達到小腹。肚兜
只有前片，後背袒露，上有繫帶套於頸間，腰部另有兩根帶子，束在背後，繫
帶的材質不一。肚兜上有各類精美刺繡，如將虎、蠍、蛇、壁虎等圖案繡在兜
肚上護身驅邪、祈保平安。而反映情愛的荷花、鴛鴦刺繡圖案也是個常用的

主題。材質以棉、絲綢居多。繫束用的帶子並不侷限於繩，富貴之家多用金鏈，中等之家多用銀鏈、銅鏈，小家碧玉則用紅色絲絹。平日繫在胸口肚腹之上，可鬆可緊。男人戴上，繫得鬆些，可以護腹保暖。女子戴上，繫得緊些，同樣可以起到約束乳房生長的作用。

在封建社會裏，女人的乳房如同私處一樣，是最最不能讓人窺視和觸摸的。除了春宮畫之外，多是見不到有乳房裸露的繪畫，以至連文字也很少涉及。凡是有的，畫，必是淫畫；文，必是穢文。細檢煙畫的發行史，在二十年代上半葉出版的中國煙畫（外國煙畫除外）中，絕無「裸女」登場。若說有，則屈指可數的只有幾張，一是英美煙草公司出品的《西遊記》中的兩張不同版本的「蜘蛛精」，另一枚是華品煙草公司出品的《白蛇傳》中的「蚌精」。二者都是妖怪，並非人類，而且裸露程度皆如圖所繪，僅點到為止。即使如此，這種作品也為社會輿論所不容，故發行量極少，收藏界視為珍稀之品。

　　陝北有一首民間小曲兒《紅兜肚》，歌詞唱道：

　　　　五月裏呀日當頭，妹妹窯裏繡兜肚；牡丹花下鴛鴦臥，鴛鴦四

　　周水長流。繡出的兜肚做什麼？貼身繫住胸口頭。不讓小鹿長得快，

　　不讓細風吹妞妞。……

　　後邊還有很多「甜哥哥蜜姐姐」的詞語姑且不論，但這幾句歌詞已說明白了繫兜肚的部分作用，繫緊後，可以限制小鹿（乳房）瘋長。

　　此外，據二十年代縮香閣主所著《中國小衫沿革圖說》，兜肚之外，還有女人專用的、胸前密密排滿扣子的胸衣、小馬甲、束胸帶等，一系列近似

「刑具」的緊身內衣。其目地都是一個，就是束縛女胸，千方百計地不讓乳房長大。

這是二十年代後期，上海華品煙草公司出品的一幀評劇《拿蒼蠅》的劇照煙畫。第四場蒼蠅精顯形，女演員身著粉色「衛生衣」（即緊身內衣），肩披粉紗，胸前繫一繡花大紅兜肚飄然上場。在追光的照射下蹁然起舞，這一大膽的設計，驚得衛道士們目瞪口呆。「評劇皇后」老白玉霜就是因為獻演此劇，遭到北京特別市戲劇審查委員會的斥責，袁良市長派警察將老白玉霜以「有傷風化」罪論處，武裝押解，逐出北平。一時間，成為北平的頭號新聞。

　　世俗欣賞的「平胸美學」的濫觴，使女子將胸乳列為禁忌。凡是小姑居處，待字深閨，非但手不能觸，且目亦不能視。青年女子在發育期間，把胸部束緊，不能任乳峰高聳，千百年來給女人的身心造成了巨大的傷害。妙齡女子一一個身軀胸僂，都像發育不良的病孩，如同未開而謝的花朵一樣好不可憐。平胸，完全抹掉了女性與男性的性別差異，亦消除了異性身體的誘惑力，並被改造成封建衛道士心目中所推崇的「無欲、純真、貞潔、溫順有操」的賢妻良母。

但是，必定時代不同了，社會人心都已打破堅冰而走近現代。二十年代初，周建人率先拍案而起，他對女子的「平胸之美」提出種種質疑。他大聲地發問：「在這樣性的敏感的社會，女子束胸束得畸形，扁平的如同金陵的板鴨一樣，何美之有？」張競生教授亦厲聲疾呼：

> 把美的奶部用內窄衣壓束到平胸才為美麗！這樣使女人變為男人，而使男人不會看見她的奶部而發生衝動，雖說這是禮教的成功·但其結果的惡劣則不堪言說的。這不但是醜的，而且極不衛生。女人因此不能正常的進行肺腹呼吸，多罹肺癆而死亡。再者，壓迫雙乳者常缺奶汁餵養自己所生的子女，其影響於種族甚大！

北京《晨報副刊》上，還有人對之提出改良的方法，他耐著心性地說：「兩乳凸出來未必不美觀，況且何人沒有呢？不過中國人暫時辦不到，改良方法就是：先把上衣作寬大·因衣服寬大，兩乳就不凸出，這是個簡簡單單的法子。」

關於女性乳房的問題一提出，頗具震聾發聵的作用，舉國上下就此掀了一場「乳房解放」的大討論。這一討論，朝野具都參與其間，廣州市代理民政廳廳長朱家驊的思想維新，他把婦女束胸問題看成有關國計民生的頭等大事，並把它提到廣東省政府委員會的政務會議上進行討論。經過全體代表的認真研究、辯論，1927 年 7 月 7 日一致通過了《禁革婦女束胸》的決議案。這個決議案寫道：

> 查吾國女界其摧殘身體之陋習有二，一曰纏足，纏足之痛苦，二十年前經各界之痛陳，政府之嚴禁，業已解除，現粵省三十歲婦女，已無受此縛束者，惟間接感受之痛苦，比纏足為甚者，厥為束胸，蓋纏足陋不過步履不便，其痛苦只及於足部，若束胸則於心肺部之舒展，胃部之消化，均有妨害，輕則阻礙身體之發育，易致屏羸，重則釀成肺病之纏綿，促折壽算，此等不良習慣，實女界終身之害，況婦女胸受縛束，影響血運呼吸，身體因而衰弱，胎兒先蒙其影響，且乳房既被壓迫，及為母時，乳汁缺乏，又不足以供哺育，母體愈羸，遺胎愈弱，實由束胸所致。」在歷數了種種危害之後，以政府的名義嚴正申明：「自布告日起，限三個月內，所有全省女子，一律禁止束胸，並通行本省各婦女機關及各縣長設法宣傳，務期依限禁絕。倘逾限仍束胸，一經查確，即處以五十元以上之罰金，

如犯者年在二十歲以下，則罰其家長，庶幾互相警惕，協力劃除，使此種不良習慣，永無存在之餘地，將來由粵省而推行全國，不特為我女界同胞之幸福，實所以以先總理民族主義之精神，以強吾種與強吾國也！

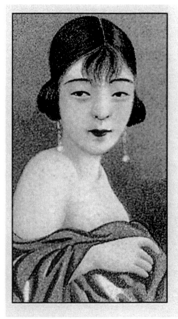

1927年7月7日廣東省革命政府一致通過了《禁革婦女束胸》的決議案。聲稱：「今後婦女解放運動，須先要從自身的乳房解放做起！」這一口號震聾發聵，同樣也激起了商業廣告設計者們的無比熱情，他們以畫筆為長矛，衝破禁區，大膽地向封建舊觀念挑戰，創作了一批以「解放天乳」為中心的畫作，以煙畫、月份牌廣告畫的形式推向市場，從側面為「天乳運動」捧柴添火，廣泛傳播。這一組煙畫是以「白背子」的形式發行問世的，無廠名、無作者名，儘管畫面還很天真、幼稚，但它突破了傳統摩登畫的視角，離經叛道地向禁地宣戰。

這項決議，一經見報，全國各大都會反響強烈。而且，當時正為北伐開始，廣東革命政府被視為中國的大救星，而廣州作為革命策源地和貫徹「三民主義模範」之地，它同時肩負著移風易俗的社會改革責任。廣州發起的這一禁令，就此在全國掀起了一場轟轟烈烈的「天乳運動」。「天乳」二字作為一個既新鮮又革命的新名詞響徹大江南北。

政府的提倡和女學生、女知識分子、「新女性」乃至「煙花新姐妹」們的積極響應，她們解除了束胸布、小馬甲，勇敢地昂起了頭臚、挺直了胸膛來

做一個「真女人」。當時有一首流行歌曲唱道：

> 姊妹們，姊妹們，挺起胸、來做人。不低首、不貓腰，不做沒
> 有地位的人下人；我們要做真女人！

　　商業廣告富有極強的敏銳性，這一時期，有很多煙草廣告開始精心地描繪起女人的胸乳。這類商業味道很強的作品，雖說品味不高，但它詳實地記錄了中國婦女解胸放乳、勇敢地走向自然之美而邁出的第一步。這類作品在1925年之前，當是絕無僅有的。而在「天乳運動」之後，現身於各種廣告之上的摩登女性，已經再也不是「板鴨胸」、「餅子乳」的舊日模樣。而是變成「雙峰高縱、腰肢曼欠」、「三圍突兀、一身曲線」的現代佳麗。從這些畫片中，我們還可以看到二十年代中、後期，隨著社會的進步，審美情趣已出現了鮮明的大轉折，婦女面目一新，時尚追求也發生了難於遏止的突變。

　　隨著「歐風東漸」，西洋的油畫和畫上的「裸女」也已傳入中國。自從「天乳運動」一開，中國人好似一夜之間都茅塞頓開了。畫家們也都放開了手腳，大畫特畫女人的玉體芳軀。有的，乾脆把西方名畫上歐美佳麗的軀幹上，換上中國美人的頭臚而直接推上廣告市場。這兩幀二十年代末期的煙草廣告，就是這種「換頭術」的傑作。中國女人的面孔，西洋女人的胸脯，矯枉過正，這到成全了「大奶奶主義」。

〔煙畫鑒賞圖錄〕

　　1. 名稱：煙畫《浴女》

　　出品：上海華成煙公司

　　規格：36×56mm　選9枚；

　　年代：1928年　附贈於美麗牌香煙

　　視點：女性乳房的解放

2. 名稱：二十年代下半葉煙草和西藥廣告

出品：中西大藥房，南洋兄弟煙草公司

規格：不一，選兩幀；

年代：二十年代下半葉

視點：畫家開始注重對女性乳部的刻畫

以上兩圖為上海煙草公司推出的兩幀香煙廣告。在「天乳運動」的推動下商業廣告的畫家們開始注重對女性乳部的刻畫。

三圍突兀　一身曲線

　　廣州推行的天乳運動，雖由政府強制施行，傳媒大力造勢，甚至過度渲染，均有力地推動了中國女性肢體解放運動。大城市中的女性帶頭脫去了胸衣、小馬甲，挺起胸膛，昂然上街，社會呈現出一片欣欣向榮的新氣象。

　　彼時，廣惠女子學堂的女生們自編自演了一齣時裝新劇，名叫《束胸遺恨》。故事描寫一位大家閨秀，從小受著封建禮教的桎梏，以平胸為美。年未豆蔻，就被家長以帛緊束雙乳，令之苦不堪言。及至成年，便身患癆疾，生活幾乎不能自理。醫生反覆勸解她，病因在胸，應當馬上解除束胸，方能自保。奈何，

家族的重重阻遏，父母的嚴命難違，且又自身懦弱，以至三次放乳，又三次重縛胸巾。最終，病入膏肓，無藥可醫。婚姻不成，愛侶遠去。她在輾轉病榻之際，才明白了至病的原因，均是束胸所害。及至命丫鬟為其再次解除束胸之時，她已經氣如游絲、命懸一線了。一曲哀歌未竟，人便香消玉殞。據當年出版的《警世報》報導，這齣戲每每演至此處，臺上臺下哭成一片。「有未及終場之女士，便早已下定決心，解除束胸，回歸天然。」這齣戲的形式雖有「舊瓶裝新酒」的俗套之嫌，但內容影響頗大，在上海、南京等都會城市，很快就有專業劇團移植上演。這齣戲為「天乳運動」大造聲勢，功莫大焉！

就此，《民國日報》發行了《風俗改革週刊》。撰文提出要徹底改革國民之不良風俗。社論認為：「革命的目的，不僅在打倒有形的軍閥和一切反動勢力，尤其在根本上要剷除孕育反動勢力的根株──一切舊思想、舊習慣及迷信，然後，破壞舊的勢力才能徹底，革命建設才能完成。」

革命政府委員會成員劉禹輪發表了《為提倡天乳運動告革命婦女》書，痛陳婦女束胸之害。他說：

> 乳腺因胸部束縛，必然減少許多乳液的分泌。這樣一來，不但影響於婦女本身生理上的健康，並且影響到中華民族母性的健全。許多中國的新生──未來的國民，為了他的母親體格欠佳，乳液過少，先天和後天，都將受很大的妨礙·這實是民族很大的危機！」

最後，他向革命的婦女們誠懇地提出：「今後婦女解放運動，須先要從自身的乳房解放做起！」

上海著名的《良友》畫刊熱情地支持這一論點，不失時機地刊登了歐洲女人所用的文胸──乳罩式樣，並詳細地講解了它的使用方法和服用益處。這是國人首次聆知這一來自海外的「舶來品」的妙用。今日看來，此事原本平庸無奇，可在上個世紀二十年代的中國，這種婦女所用的私密之物，簡直無異於來自天際的外星奇物一般。在媒體的大力宣傳下，幾個大百貨公司都相繼地推出了各色新穎寬鬆的婦女護乳內衣，並把它們堂而皇之地展示在櫥窗的聚光燈下。都市男女無不爭相觀看。這些內衣一經上市，太太小姐、新女性、女學生、花界名媛，爭相購買，瞬時告罄。

這是 1927 年，「天乳運動」之處，上海瑞倫煙草公司推出的兩幀廣告畫。畫家雖然並未正面去去表現這一主題，但支持政府、號召婦女放乳的旗幟已經豁然打開。

　　此時，胡適之先生從歐洲遊歷歸國，他在著名的「中西女塾」學生畢業式上講演，全力主張女子放胸，提出了著名的「大奶奶主義」。他反覆地、再三地解說其中的利害關係。他說：「中國現在的女學生如不解放乳部，將來都不配做母親，是種族上一個很大的問題。」「沒有健康的大奶奶，就哺育不出健康的兒童！」

　　張競生也在《性美》一文中，旗幟鮮明地提出了女性的「三圍」問題，既對女性胸圍、腰圍、臀圍的審美界定。他指出：女人的「奶部發達，則胸部也發展，兩粒奶頭高聳於酥胸之上，其姿勢為向前突出，而與其臀部的後突，成為女身的曲線形，這是性之美處。」他說：如果「女陰不發達，直接使臀骨盤不寬大，而臀部遂而狹小瘦損。間接地，在上面則使奶與胸部不發展，而下面使腳腿不壯健。以是足跟不靈便矯捷，臀部不成波紋形，胸不突前，以是足小而腳腿無力量。行起路來，實如行屍走肉一般。」自此，這些破天荒的提法，為近代女性美常用的「三圍」術語，開創了歷史先河，使得新的女性審美觀念得以確立。

　　「三圍」，是專指女性的胸圍、腰圍、臀圍三者的合稱。曲線美是衡量女

性形體美的重要標誌，而女性「三圍」又是構成曲線美的核心因素。彼時《國民日報》刊登論《曲線美》一文指出：「人體之真美。以曲線豐隆，色澤光潤，體態苗條，才算是真美。然而，曲線大概可以分為面部曲線、胸部曲線、臀部曲線三大部。胸部曲線，也要豐隆突起才是美觀。故西洋婦女多束腰裝乳，務求胸部曲線之豐隆。要腰細而臀大，乳要能充分發育。所以，要腰細、臀大者。因為，惟腰細臀大，才有曲線美，才有苗條體態。乳部所以要充分發育者，因為兩乳能充分發育，胸部才豐隆可愛。」

那麼，怎樣衡量女性的「三圍」是否標準呢？一些報紙引進了歐美女性的「三圍」公式，既胸圍＝身高（釐米）×0.53，腰圍＝身高（釐米）×0.36，臀圍＝身高（釐米）×0.56。我國的學人則根據國人的體質體型，提出了簡單易記的「36、23、36」。這一切議論，在當年都是石破天驚、令人「目瞪口呆」的狂語。然而，它又是科學的、進步的道理。一開始便得到「新女性」們的積極響應。她們放了胸，又開始束緊自己的腰肢，成為「有線條」女人。

女性對這一革新積極踴躍的態度，大大地刺激了煙草廣告設計者們的靈感，一組組大有突破「禁區」意味的、「高乳」、「豐臀」、「樊素口」、「小蠻腰」的摩登廣告脫穎而出，為如火如荼的「天乳運動」、「三圍運動」煽風點火、火上潑油。

筆者在本節特選出一組上海華成、德隆等煙草公司，在二十年代中期出品的廣告作品。這些畫作，有意渲染誇張女性胸、腰、臀部的曲線，在描繪美感的同時，特別強調「性感」的誘惑力。由此，形成了三十年代商業美術專一描繪美女「顧盼巧笑」、「煙視媚行」的趨勢，在宣揚婦女解放的同時，也反映出十里洋場「脂粉香豔」、「紙醉金醉」的畸型繁榮。

〔煙畫鑒賞圖錄〕

1. 名稱：煙草廣告畫

出品：華成煙草公司，南洋兄弟煙草公司

規格：不一，選兩幀；

年代：二十年代下半葉

視點：畫家開始注重對女性「三圍」曲線的刻畫

說明：「天乳運動」的一番疾風暴雨過後，雲霽天晴，分外開朗。中國女子的胸乳終於得到解放。從此，「三圍」突顯，身軀健康，開始步入現代化的世界之林，揚棄了病態之美的惡夢，逐步地堪與西方佳麗齊肩相對。自三十年代之後，中國各類廣告上的女性，更顯得摩登，更顯得風流漂亮。

裸美風波　露透濫觴

　　1920 年 5 月，劉海粟主持的上海美術專科學校，驀然問爆發了一場轟動全國的大新聞，那就是中國美術史上著名的「女模特風波」。

　　早在一百年前的一天，劉海粟對全體同學們說：「我校從 1914 年開辦人體寫生課以來，迄今已有多年歷史。最初我們只聘請到男孩，卻未能覓到願意獻身藝術的勇敢女性。今天，藝術女神終於出現在我們的畫室中了！」他慢慢拉開教室中的絲絨帷幕，一個少女裸體呈現在大家面前。她的肌膚光潔細膩，如脂似雪。斜臥在寫生軟榻上，烏黑的秀髮飄散在身體的一側。同學和老師們不約而同地起立，畢恭畢敬地向這美麗的軀體鞠了三個躬。少女的臉上頓時飛起了紅雲，激動的淚水滾了出來。

　　「姑娘，謝謝你！」劉海粟激動地說，「你是中國藝術殿堂中的第一個女模特，你書寫了中國藝術史的新的篇章，藝術史應該記住你，也要記住今天：公元 1920 年 5 月 20 日！」

劉海粟主持的上海美術專科學校，在 1920 年 5 月首次以女子為模特進行人體寫生教學。此舉轟動全國，成為一大社會新聞。從此風波不斷，釀成了一場長達數年之久的論戰。

可是沒過兩天，一幫封建衛道士的打手們高喊著「搗毀妓院學校」，把教室和教具砸了個稀巴爛。1926年，劉海粟的學生們舉辦畫展，展覽會上懸掛了幾張裸體畫，又引起了了軒然大波。《申報》、《新聞報》上刊登了上海市議員姜懷素呈請當局，要求嚴懲罪魁禍首劉海粟的文章。接著，上海縣長危道豐下令，禁止人體寫生課，通告說：

> 欲為滬埠風化，必先禁止裸體淫畫，欲禁淫畫，必先查禁堂皇
> 於眾之上海美專學校模特兒一科，欲查禁模特兒，則尤須嚴懲倡
> 禍首之上海美專學校校長劉海粟。

劉海粟堅決抗爭，奮筆疾書，用「科學、進步」來駁斥這些道學先生的謬論。他指出：

> 人體模特兒與黃色下流畫風馬牛不相干，不可相提並論，模特
> 兒是藝術家在習作時，必須之輔助，以故各國美術學校，以及美術
> 研究中心，非不設置模特兒，以為藝術教育上不可或缺者也。凡曾
> 涉足歐美，或稍讀藝術書報者，聞模特兒其名，必聯想及科學之化
> 驗用具，同一德性，事極泛常，曾無驚奇之足言。反顧我國，今日
> 淺見者流，滔滔皆是，藉禮教為名，行偽道其實，偶聞裸體等名詞，
> 一若洪水猛獸，往往驚訝咋舌，莫可名狀；是猶曾聞日月經天，而
> 未聞哥白尼之地動說，可憐孰甚！

接著，上海總商會會長兼正俗社董事長朱葆三先生，也開始向劉海粟發難。他把上海出現的淫靡之風，統統歸咎於美專創行的人體模特兒身上。連統治江南的五省聯軍統帥孫傳芳也親自寫信，要求劉海粟撤去模特教學。他說：

> 美亦多術矣，去此模特兒，人必不議貴校美術之不完善。亦何
> 必求全召毀。俾淫畫、淫劇易於附會，累牘窮辯，不憚繁勞，而不
> 見諒於全國，業已有令禁止。為維持禮教，防微杜漸計，實有不得
> 不然者，高明寧不見及？望即撤去，於貴校名譽，有增無減。

6月10日，上海《新聞報》全文刊登了孫傳芳的這封信，引起了強烈的社會震動。劉海粟依然要奮力抗爭，但在法國大使館的保護性的勸阻下，美專只好暫且避讓。

在「女模特事件」的影響下，上海、廣州、南京、武漢的報刊、雜誌，時有《裸女》繪畫刊出。煙草廣告也出現了一些半裸的繪畫，外國煙廠出品的《裸女》煙畫也大行其道。這是一幀法國煙廠在其產品中附贈的煙畫，剛一上市就遭到輿論的抨擊和政府的查禁。

次年（1927）「三八」婦女節，武漢竟發生女子裸體遊行事件，再次激發了全民對「裸體問題」的關注。當時武漢國民政府黨政要員、女界領袖及二十多萬軍民在中央廣場，為紀念「三八」國際婦女節舉行大遊行。當遊行活動進入高潮，隊伍中竟出現了十八名赤身裸體的女子，在光天化日之下大搖大擺地上了街。她們手擎旗幟和標語，一路呼喊：「打倒軍閥！打倒列強！中國婦女解放萬歲！」因為，這樣的場面前所未見，驚擾得遊行隊伍一片混亂。

據《國民日報》記者披露：這十八名裸女是當時紅妓女金雅玉所帶領的，她們認為「國民革命軍北伐以來，婦女解放運動的迅速發展，觸發了她們參加革命的願望，但由於她們的身份，不但被拒之門外，還常遭懷疑和白眼。在激進青年黃震龍的游說和策劃下，她們便以裸體遊行的方式，來表達她們『婦女解放』的要求」。

「女模特事件」和「裸體遊行」雖為一時風波，其中的是非，見仁見智，各有其論。但是，彼時國民思想的開放，已非昨日的塵封保守。人們對「人體美」的追求和認識，以及女性對自身身體的解放意識，已達到了一種新的境地。「裸體美」的概念也撕開了冰山一角。

從二十年代下半葉起，報刊雜誌上經常刊登介紹「西洋裸體畫」名作，在民間的通俗傳媒中，如小說插圖、廣告、年畫、月份牌以至小小的香煙畫

片上也屢有西洋《裸女》行世。使得封建衛道士們對此截堵不及、防不勝防。

這一影響，表現在女性服飾改變方面也是十分強烈的。十餘年間，女人的容妝服飾從繁瑣累贅逐步變得簡約洗練，首飾花紋也從繁複瑣碎變得簡潔明快。先是去髻剪髮，而後改造衣裳。上衣緊縮合體、顯露腰身；高聳的領子，逐漸變短、變瘦、變低、最後變成「雞心」、「烘月」；先是露出脖子，最終露及酥胸。衣袖，更由肥闊變得瘦窄，由長變短，露出了手腕、小臂及胳膊肘；下衣的長裙變短裙，短裙變長褲、長褲變短褲，露出了腳，露出了小腿和襪子。這一切均向「露」、「透」二字挺進。

到了二十年代末期，一種半透明的「喬其紗」、「印度紗」大為行世。女性們用它做袖子、做領襟，做裙子的飾邊，更增添了無限春色和嫵媚，漫畫家丁聰的父親丁悚曾在老《申報》上寫詩云：「趨時婦女競新妝，荷葉邊兮滾滿裳。」人們都稱這一新的服飾有著「雨打梨花」之嬌，更具「紅杏出牆」之美。接著，又流行用「喬其紗」或各色的薄紗做衣領、衣袖，為的是把玉臂、玉頸露出來。不久，這些半透明的薄織物又被女人們用來做馬甲，做披肩，做外衣，有意識地把裏邊的衣服半虛半掩地襯露出來。正是：「半煙半霧不分明，欲透欲露若有情。」筆者在本節中選了幾幀二十年代的煙草廣告畫，從畫中人的衣著上也能看到這種趨向。

此時，足下穿的機織襪子也早已普及開來，女學生們先是穿白色的「齊膝襪」。後來，又流行了一陣子大紅襪。當半透明的紗織襪上市之後，一下子又風行起來，時稱「玻璃絲襪」，每雙售價為當時的一袋白麵之值，但依然頻頻斷檔、供不應求。當然，這種「玻璃絲襪」就不只限於女學生穿用了，少奶奶、大小姐、新女性、交際花、舞女、流鶯無不穿用。當社會上流行高開衩的旗袍時，長筒的「玻璃絲襪」被高高地弔在齊大腿根的弔帶上。女人們追求「露」、「透」的「裸風」，已大行其道。

〔煙畫鑒賞圖錄〕

1. 名稱：煙畫《裸女》

出品：法國煙草公司

規格：35×66mm　選8枚；

年代：1927

視點：人體美

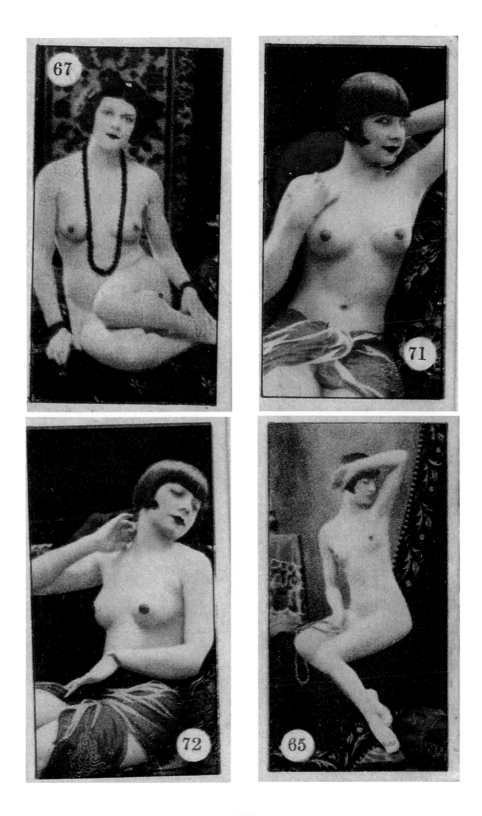

1. 名稱：煙草廣告畫，月份牌畫
出品：南洋兄弟煙草公司、德隆煙草公司等
規格：不一，選4幀；
年代：二十世紀二十年代下半葉
視點：女的服飾趨向於「露」「透」

煙草佳麗　鳳舞鸞翔

　　二十年代後半葉，煙畫廣告方面還出現了這麼一段有趣的事情。外資的英美煙草公司與民資的上海華成煙草公司為了爭奪市場，各展手段，各自樹立自己產品的「摩登」美女形象，以爭取各自的消費群體。由此演出了一場曠日持久的「摩登」大戰。這場商戰不僅火炙熱鬧、文武帶打；而且，兩大營壘不惜萬金、包裝打造出的「摩登」各展風姿，無論從髮式、容妝、衣著、風采，還是秋波媚眼、朱唇含笑，皆獨領一代風騷。凡經過那個時代的耄耋老人，一提起呂美玉和潘雪豔來，依然會從雙眼中閃爍出晶瑩歡快的火光。

　　事情的原委是這樣的，民國十三年（1924），上海聞人戴耕莘的姨太太手氣壯，交了財運。一次在跑馬場買彩票，竟然中了萬元大獎。於是，相助夫君投資實業。戴耕莘慧眼獨具，全部購入當時頗不景氣的上海華成煙草公司的股份，並且出任了公司董事長。接著，增添設備，擴建廠房，把新廠設在虹口狄思威路 11 號。不失時機地打破英美煙公司對北美煙葉的壟斷，低價購入很多優質原料，使得業務蒸蒸日上。他們在創出「金鼠」名牌之後，又著手再創新的品牌。

　　處世精明的戴耕莘用重金特邀了滬上著名畫家謝之光先生，來為新產品設計包裝。這位大名鼎鼎的謝之光，素以構思奇巧、出手神速在畫壇稱雄。據說，他在受託的當天晚上，喝足了酒，隨手翻開了一份畫報，以畫報上面的一幀名伶照片為模特，就把她畫在了煙標圖案的正當中，四周飾以天藍色的花邊，再用粉橙色打底兒，這麼一襯托，使這張設計稿顯得十分別致高雅。一時興致，便落墨取名為「美麗」牌香煙。

　　華成總經理戴耕莘是一位熱衷京劇的戲迷，自己還辦了個票房，也算得上是一位名票，對戲劇舞臺上當紅的人物瞭如指掌。他在審訂畫稿的時候，一眼就看出了煙標正中的人物是正在走紅的坤伶新秀——呂美玉。畫得端莊秀麗、惟妙惟肖，自己十分地喜愛。當即拍板定案，且提議再搞幾幀呂美玉的舞臺劇照，印成煙畫一同上市。這一動議得到大家的支持，於是分頭去做，不出兩個月，印有呂美玉肖像的廣告、招貼、煙標、煙畫一整套廣告全部製好。1925 年 3 月，「美麗」牌香煙隆重登場。因為煙絲好、價錢巧，又借著呂美玉的人氣兒，上市三天，搶售一空，產品斷檔，全廠加班，日夜生產，依然供不應求。銷售之旺，一炮而紅，遂與「金鼠」牌香煙齊名，倍受各界歡迎。氣得死對頭——英美煙草公司望洋興歎，捶胸頓足。

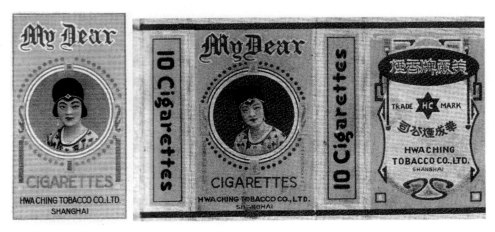

這兩幀圖畫是二十年代上海華成煙草公司推出的名牌產品——「美麗」牌香煙的煙
標。一種是軟包裝，一種是硬（精）包裝。中間所畫的人物是當紅的名伶呂美玉。但
是，這張肖像並不是她的素身照片，而是她主演時裝戲《失足恨》的一張戲裝像。她
扮演戲中的女主人公尚寶琳，因癡情失足，釀成終生遺恨。因這類事情在新式的學堂
中屢屢發生，故頗具社會性。因此轟動一時。加之華成煙上市的成功，呂美玉不僅成
了劇壇紅星，而且成了影響一時的摩登人物。趨時女子連她在舞臺上的穿戴和髮型都
竟相模仿起來。

呂美玉之玉照

呂美玉何許人？她是上海名伶呂月樵和時鳳儀的女兒，雖然出身梨園世家，但她從小上學讀書，並未下海從藝。但是，呂美玉本身資質聰慧，平時耳濡目染，也擅登場演戲。時不時的也借臺唱上一、兩齣傳統戲。但是成績平平，未能大露頭角。

民國十三年，她在朋友們的慫恿之下，排演了一齣時裝戲。這齣戲名叫《失足恨》。演的是一位女學生尚寶琳與同學吳偉業的愛情糾葛。尚寶琳初出閨閣，純潔無知，她與吳偉業一見傾心，便以身相許，不慎失足。不想，後來吳偉業另有新歡，遂與寶琳發生齟齬，以至反目，兩情決絕。尚寶琳面對同學們的嘲諷和父母的詬誶，心灰意冷，自殺身死。此劇在結束前，女主人公尚寶琳淒慘地唱道：「一失足成千古恨，再回頭已百年身」。每演至此，全場觀眾莫不掩泣，以至哭成一遍。當時，此劇轟動滬上，在大舞臺連演一月之久，場場爆滿。呂美玉的芳名在報紙連篇累牘的宣傳中，紅透上海，家喻戶曉。不久，她便下嫁給上海聞人、法租界華籍商領魏延榮，做了他的茹夫人。

「美麗」牌香煙上市的成功，煙畫、煙標、廣告、招貼的四處散發，各大報紙的終日報導，不僅成就了「美麗」牌香煙的名牌地位，也成就了名女呂美玉在社會上的身份和地位。她平時的裝束、穿戴、髮型、儀態，也都成了「追星族」們頂禮膜拜的摩登範本。「有美皆備、無麗不臻」的廣告語，也成了呂美玉皇冠寶座上無可爭議的準評語。

最初，呂美玉對此頗為自豪，並且對自己有幸獲此尊寵而沾沾自喜。其夫君魏榮廷原本是元泰呢絨公司的小開，後任中法銀行董事長，自幼受到法語系的西方教育，諳熟西方法律。他告訴呂美玉，若是依據西洋法律而論，「凡是未經本人同意而濫用其肖像製作宣傳品」者，則是一種嚴重的侵權行為。呂美玉茅塞頓開，遂一紙訴狀將華成煙草公司的法人告上了民事法廳，她聘請了著名大律師鄂森（呂弓）作為自己的代理人，要求華成煙草公司立即停止使用其肖像，並要求賠償巨額的名譽損失費。這是我國近代商業史上的第一例關於「肖像使用權」的侵權案例，在當年至為轟動。

華成煙草公司接到控狀，當即慌了手腳，董事長戴耕莘也自覺理虧，難於質對。有心不再使用這個牌子，但是，必竟「美麗」已成了響噹噹的全國大名牌，豈能忍痛割捨呢？只得自認倒霉，倩人從中說和，希望廳外調解。其間，費盡周折，除了私下支付呂氏所要求的重金賠償之外，還達成了「今後，華成每生產一箱「美麗」牌香煙，便支付肖像使用費大洋五角」的高額使用

費。這筆使用費還要按月結算，月底付清。至此，呂美玉才奏凱還朝，撤訴私了。

　　根據上海檔案館收藏的華成煙草公司舊《檔案》記載「美麗」牌香煙在1926年、27年、28年間的銷售量，分別為 3，258 箱、14，621 箱、22，744 箱。依照此約，僅這三年，華成煙草公司就得支付呂美玉大洋兩萬多元。彼時，上好的洋麵粉每袋才一元五，其所得之厚可想而知。時人以「摩登──呂美玉」為上聯，編成了「名利雙收」的歇後語。

　　有道是「不打不成交」，呂氏亦深感華成的禮遇不薄，便特意拍了一些新劇照供華成印製煙畫選用。從此，雙方精誠合作，「美麗」牌香煙銷得更為紅火。不僅銷遍國內，就是馬來西亞、新加坡，呂美玉的芳名也遠播遐邇，婦孺盡知。

這是二十年代上海京劇名伶潘雪豔的兩幀玉照。潘雪豔出身於詩書之家，其父一生追隨清季大詞人蕙風，據張爾田著《近代詞人逸事》記：「追蕙風歿，哭泣致賻，發引日，衣大布，隨靈輀以行，途人側目」。潘雪豔生於 1905 年，自幼潛心戲劇，十五歲登臺，以色藝雙馨紅於劇壇。輔佐麒麟童多年，迄今留有高亭公司錄製的唱片 32 面行世。其中有潘雪豔飾王寶釧、麒麟童飾薛平貴、孫蔡林京胡、黃成美司鼓的《武家坡》，以及潘雪豔飾雪豔、張國斌飾陸炳、周五寶飾湯勤的《審頭刺湯》等劇目。

　　將京劇明星印到煙畫上本不足為奇，但通過煙畫，要捧紅一位京劇紅星來，可就不那麼容易了，另一位女伶潘雪豔就是一個實例。

　　二十年代末，面對「美麗」牌香煙在市場上的凜冽攻勢，英美煙草公司真有些招架不住。廣告部就策劃了一個廣告方案，建議本公司自己也培養出一名京劇紅星，來充當公司新品牌的形象大使，與「美麗」牌的呂美玉爭一高下。這個方案還真的得到總部的批准，經過智囊團多方考查、物色，最終選中了一位欲紅未紅，但頗有明星潛力的京劇女伶——潘雪豔，來充當這一角色。

　　是時，滬上正流行演出帶機關布景、煙火彩頭的連臺本戲。其中，最有號召力的是京劇泰斗麒麟童（周信芳）麾下的演員陣容，及其搬演的精彩劇目，《封神榜》、《狸貓換太子》、《西遊記》、《龍鳳帕》等，齣齣精彩火爆，引人入勝，久演不衰，場場客滿。魯迅先生有詩云：

　　　　　春江好景依然在，遠國征人此際行。莫向遙天望歌舞，西遊演
　　了是封神。

　　其中的「西遊」、「封神」，講的就是這個劇團演出的盛事。潘雪豔就是這個班底的一根頂樑柱。她生得年輕漂亮，嗓音甜美，在臺上婀娜多姿、身手不凡，允文允武，崑亂不擋，在臺上極有人緣。但是，她在劇團中的地位，一直處在女主演名伶琴雪芳之下。戲迷們對她時不時地發出「既生瑜兒何生亮」的噓歎！

　　英美廣告部正是看中了這一點，他們認為，潘雪豔是「一顆明珠土裏埋」，公司現在托一把，將來一定會大紅大紫、前途無量。把寶壓在她的身上，用她的肖像做廣告，到時候，公司一定會得到百倍的回報。主意拿定，公司即派員與她進行了多次的私下接觸。公司的這個計劃也頗中潘雪豔的下懷。雙方很快達成協議，潘雪豔授權英美煙草公司可以使用自己的肖像和劇照，用來設計煙標、煙畫和各種廣告。英美煙公司每月私下裏支付報酬若干，並從輿論上鼎力支持潘雪豔的演出活動。

　　協議達成後，經過一系列緊張的準備，最終選擇在潘雪豔公演《龍鳳帕》時，英美煙公司便推出了一個新產品——「芳華」牌香煙。這種香煙從設計意圖、色彩、風格和包裝外型，直逼「美麗」。煙標的正中間，設計的是潘雪豔的便裝肖像，煙包內藏著一枚枚潘雪豔身穿各色時裝的倩影，婷婷玉立、款款風生。時人贊道：「肥楊瘦燕難高下，各領風騷大有年。」

　　在英美煙草公司的商業利益驅動下，印有潘雪豔肖像和便裝像的煙畫、

煙標、招貼、廣告，隨著「華芳」香煙鋪天蓋地地散發到大江南北、城鎮鄉村。一時間，男女老少不知孫中山、黎元洪的有之，而不知「大摩登」潘雪豔和呂美玉的人，卻少之又少。當年老《申報》副刊上有首打油詩寫得好：

> 潘呂呂潘兩相宜，皆為香煙做司儀。老闆賺得褲腳大，小姐賺
> 來好名氣。不知有漢知潘呂，更曉華芳和美麗。男女老少皆破鈔，
> 一枝香煙醉不已。

在激烈的香煙大戰中，兩位女明星就這樣唱起了對臺戲。她倆人的廣告一度鋪天蓋地，凡有「美麗」之處，必有「芳華」身影；凡有呂美玉的巧笑，旁邊必貼有潘雪豔的秋波。彼時的癮君子，也出現了兩大派，一派是「呂黨」，一派是「潘黨」。愛聽呂美玉的，吸「美麗」牌香煙，收藏呂美玉的煙畫；愛看潘雪豔的，專吸「芳華」牌香煙，收藏潘雪豔的倩影。兩黨不能見面，見面就會打架。「呂黨」罵「潘黨」是「潘金蓮的遺患」；「潘黨」則罵「呂黨」是「妖后呂雉的兒孫」。據說，在豫園的一次煙草促銷大會上，兩黨主力碰了面，雙方拳腳相加，勢如暴風驟雨，一頓大戰之後，折損了無數梨花。一時間，成了特別轟動的社會新聞。

說明：英美煙草公司與潘雪豔達成協議之後，正式成為英美煙草公司新產品「華芳牌」的廣告偶像。筆者在上海檔案館曾見到潘雪豔親筆簽署的合同書，大意是授權公司使用她的個人肖像，公司則每月支付潘雪豔大洋一千元。「華芳牌」的經銷理念是以華成的「美麗牌」為假想敵而設計生產的，故質量絕佳，價格適中，果然上市之後，反響殊佳。不久便與「美麗」互成犄角之勢。

　　英美煙草公司與華成煙草公司在潘、呂二人身上，皆投入了可觀的鉅資。但是，明星的基礎，還是要建立在藝術成就之上的。依靠其他因素走紅，必定是冰山無疑。看似名利雙收，但會遭到同行的鄙視和輕賤。果然，二人不久雙雙離開舞臺，一個個嫁大息影，去當闊太太去了。唯有一幀幀印有她們劇照和身姿的煙畫，至今還在述說著這段故事。

　　本節，筆者把印有她們音容笑貌的廣告圖畫集在一起展示，其中有一組英美煙草公司出品的煙畫——《華芳明星——潘雪豔玉影集》。這位被跨國壟斷公司大老闆鼎力捧紅的大明星，在一定程度上代表了小市民群體「拜金主義」的審美傾向。她的衣著、打扮、髮型、頭飾，也成了市民群體追逐倣仿的範本模樣，並且，在一定程度上，誘導著平民百姓的趨時潮流。本章將這些照片集中地展示於此，可以使讀者悟及二十年末與三十年代初期，都市生活中女性的追求和自我包裝的浮光掠影。

〔煙畫鑒賞圖錄〕

　1. 名稱：煙畫《呂美玉劇裝照片》

　　出品：上海華成煙草公司

　　規格：35×64mm　選 8 枚；

　　年代：1926　附贈於美麗牌香煙

　　視點：呂美玉的舞臺資料

1. 名稱：煙畫《潘雪豔倩影集》

出品：英美煙公司 BRTISH AMERICAN TOBACCO.CO.LTD.

規格：45×66mm　選 13 枚；

年代：1929　附贈於芳華牌香煙

視點：二十年代的時裝

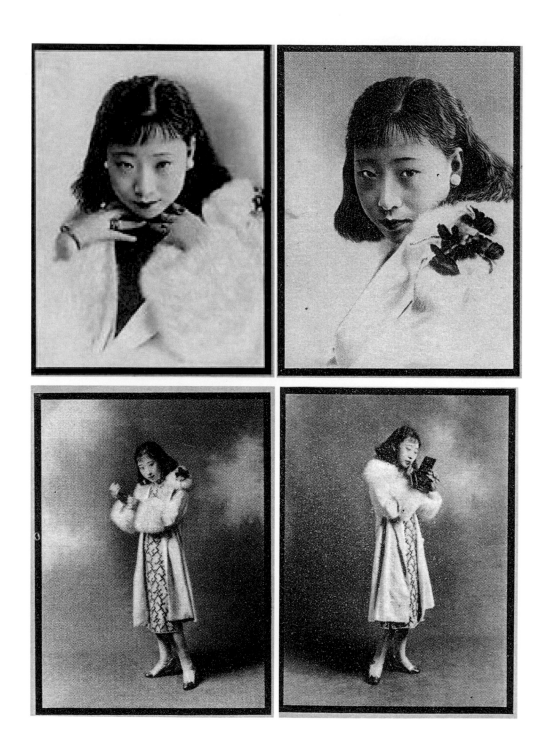

2. 名稱：煙畫《七彩潘雪豔倩影集》

出品：英美煙公司　BRTISH AMERICAN TOBACCO.CO.LTD.

規格：35×60mm　選 24 枚；

年代：1929　附贈於芳華牌香煙

視點：二十年代的妝容服飾

明星燦爛　炙手可熱

　　1895 年，世界第一部電影誕生，人類的藝術創造和文化理想進入了嶄新的歷史紀元。三年之後，這種西洋默片就傳進了我國大清的後宮，慈禧皇太后看了特別高興，還責成內廷大臣，要在宮裏辦個電影局，自己來拍電影。但是，因為內憂外患的干擾，這件事一直沒有落實。到是在琉璃廠開照相館的任景豐有心眼兒，請來了「名伶大王」譚鑫培老闆，在自家的後院拍攝一部京劇《定軍山》，時間在 1905 年的秋天，這是我國第一部無聲電影。

　　1919 年「五四」運動爆發，推動了中國的現代化進程，也影響了萌芽狀態的中國電影。在這一時期，上海的商務印書館活動影戲部、明星公司等進行了積極的藝術探索和市場開拓，堅持發揚中國的傳統道德和傳統文化，創作出《孤兒救祖記》、《勞工之愛情》等一系列故事影片，為我國電影奠定了基礎，上海亦成為我國電影的發祥地。早年間，女演員都被人看不起，貶稱「戲子」，根本沒有社會地位。早期電影中的女角色，也都由男人飾演。例如 1913 年，黎民偉拍攝短片《莊子試妻》時，劇中的女主角還是他自己反串的。

　　後來，又拍了三部故事片——《閻瑞生》、《紅粉骷髏》和《海誓》，片中三位女主角就成了中國電影史上第一代女演員了。這三個女演員的身份各不相同。其中，沈鳳英是海上聞人朱葆三的五兒媳，屬於友情助演。另一位王彩雲，是位從良的藝妓。還有一位名叫殷明珠，她出身於書香門第，畢業於中西女校，喜歡騎馬、開車、唱戲和服裝設計。是個好出風頭的時髦人物，時稱「FF」（following fashion）小姐。她們的出現，給後來的「明星熱」開啟了一扇大門。

　　看電影，一直是舊上海浮華生活的重要組成部分。從某種意義上說，電影更是在 20 世紀二、三十年代上海都市時尚生活的指南，無數湧進電影院的男女觀眾，在那裡都接受了「現代美」和現代「文明」的啟蒙。據統計，那時國內有 233 家影院共 14 萬個座位，上海就佔了 53 家共 3.7 萬個座位。經常上影院裏消遣的有五種觀眾：談戀愛的青年，厭倦舞臺劇的有閒婦女，無聊的富商，逃避生活的貧窮青年，還有影評人。電影帶給這些人的不僅是新的視覺盛宴，同樣也包含著新的生活觀念和人生的樂趣，以及新一代都市人的休閒方式和他們的精神生活。

　　影迷們在崇拜好萊塢的琵琶·但妮爾、珍妮·蓋諾、瑪麗·碧克馥、葛麗泰·嘉寶之外，國產影片也使一大批中國女明星相繼登場，楊耐梅、張織雲、

宣景琳、陳玉梅、胡蝶、阮玲玉、陳雲裳等，都隨著感人的電影故事紅了起來。她們的音容笑貌、一舉一動，都會牽動著觀眾的心。從她們主演的每一部影片，到她們的生活習慣、以至她們衣著打扮、豢養的貓狗，影迷們都如數家珍。

電影明星的魅力無處不在。街上的廣告招貼畫裏都是她們的身影：她們為香煙、綢緞、化妝品的代言人，印滿了月份牌，期刊、畫報之上。追星族們以她們的髮型、服飾為自己的樣板；以她們的行動舉止、言談話語作為自己的典範。阮玲玉死時，撫靈弔唁的人有十萬之眾；甚至還有三位影迷項福珍、夏陳氏、張英美，竟也隨她一起告別紅塵、輕生而去。

「電影皇后」胡蝶是一顆影壇上最耀眼巨星，當年她的照片幾乎無無處不在。煙草公司把她的玉照成千上萬地翻印，一枚枚夾入香煙包中，向消費者廣為贈送。

胡蝶結婚時，使得無數粉絲為之呼天愴地，發誓永不戀愛。他們在報紙上寫詩，高唱：

> 美人！美人！既能傾人城，又能傾人國；麗質天生傾人心。胡
> 蝶！胡蝶！誰都不能敵，獨步影壇無人敵！……。

不少煙廠都在煙畫上大做文章，印上眾多明星的芳姿倩影，讓她們充當香煙大使，使香煙的銷售如虎添翼，無處不有，無處不到。筆者將這一時期

各煙廠所推出的明星，遴選數十幀，以證明彼時的「摩登」之熱。

藍蘋，原名李雲鶴，也是一顆不大不小的明星。她在演出《娜拉》時改名藍蘋，寓意「青出於藍，更勝於藍」。後來，她參加了革命去了延安，與毛澤東結婚時改名江青，取自唐代進士錢起的《湘靈鼓瑟》詩，「曲終人不見，江上數峰青」。本意大概是言其有古人的風雅。不想竟真地成了「曲終人不見」的讖語。

　　就拿藍蘋（江青）來說，在三十年代還稱不上是什麼紅星，她在上海金城大戲院演過話劇《娜拉》、《大雷雨》，拍過電影《王老五》，與王瑩爭演過《賽金花》。但她的大名和照片也頻繁地出現在當年的報紙雜誌之上。被人吹捧為「典型」的北國女性、「山東戲劇運動的功臣」、「青出於藍，更勝於藍」。她在生活上追求自由和光明，是一代「新女性」的代表。

　　1975 年，她在全國推廣自己設計的「中式連衣裙」工作會議上，曾不無得意的說：「年青時，我穿的衣服都是自己設計的，人見人愛。很有一大群人都照我的式樣去做呢！」可見，二、三十年代上海人的逐星之熱。不管是大星還是小星，她們的衣著打扮，新穎入時，都會受到不同人群的羨慕和摹仿。

〔煙畫鑒賞圖錄〕

1. 名稱：煙畫《早期電影明星》

出品：中國福新煙公司　FOOH SHING TOB.CO.

規格：32×60mm　選 28 枚；

年代：1925

視點：明星的髮式和服式

1. 名稱：煙畫《早期演藝明星》

出品：中國福新煙公司　FOOH SHING TOB.CO.

規格：不等　選7枚；

年代：1925

視點：明星的髮式和服式

朋雪范　梅玉陳　心秋葉

13　珠賽梁

交際花榜　盡領新潮

　　「交際花」一詞，辭書中並無明確的解釋，更無確切的定義。它出現於二十年代紙迷金醉的上海，專指那些經常出入於高級社交場所、周旋於巨商富賈之間、有一定文化素養、又有一定身價的職業性或半職業性的公關女性。有人說她們是舞女，是妓女，是遊蜂浪蝶，是穿花流鶯。其實並不盡然，這裡面包含著一定的世俗的偏見。這些「摩登」女郎中間雖然不乏鶯鶯燕燕，如曹禺筆下的陳白露。但大部分並非以侑酒伴舞為所長，以賣身伴宿為職業。她們中間有不少才藝雙全、有所作為的新潮女性，但出於多種原因，無可奈何地被人列入其間。若說她們都是勇於衝出樊籠、創造獨立人格的新女性，也不一定準確。因為她們有過多的「依附性」和數不清的社會蜚聞，使得不少冠在「交際花」名下的女人，難以盡洗「羞顏」。這也是處於特殊的時代、特殊環境下，所出現的一種特殊的職業現象。筆者認為，「交際花」一詞若用今日的語言解釋的話，應是指「工於社會交際的女性」，或是「善於進行公關酬酢活動」的女性，似乎更妥當一些。

　　本章所集英美煙草公司出品的《交際花》煙畫，在當年的發行數量很多，流行的時間也相當長。圖中那些時髦漂亮的女性，乃至她們的秀髮、修眉、姿態、儀容、神情、笑靨，皆是當時最「摩登」的表現。猶為引人矚目的是，每幀肖像旁邊都用金色印有芳名。這種自願地自我推介，不畏譏笑嘲諷、坦白地面對社會的現象，也應說是女性正走向自我解放和開明的一種詮釋。正是這些印在煙畫上的姓名，也為瞭解二十年代這一族群的生活，留下不少實證。

　　例如：第19號蘇素梅，她是二十年代上海灘上一位著名的紅舞女。原名榮毓虹，祖籍無錫，其父經商，家道殷實，與榮氏家族還有著姻親關係。民國初年，隨父遷居滬上，在徐家匯女子學堂受到西方藝術影響，酷愛舞蹈藝術。曾一度瞞著家長，進入上海新新舞蹈學校學習西洋舞蹈。被家人知道後，遭到整個家族的激烈反對。她為了跳舞，毅然隻身出走，與家庭決裂。改名蘇素梅，在大東和辣菲花園等著名的舞廳以舞蹈為業。當時的報紙曾給予「名門小姐，翩躚舞池」之譽，使之紅極一時。此說，見於滬上君所著的《紅塵舊話》一書。應該說，蘇素梅並非一般以伴舞鬻食的舞女，而是一位中國最早獻身舞蹈藝術的新女性。

1930年，英美煙草公司出品的第二套《中國交際花》煙畫之一，當紅舞女蘇素梅。

　　第18號薛清照，她是上海聖心女校的學生，係名門閨秀。自幼喜好中國文學和西洋文學，喜於社交，性情豪放，開朗熱情。學生時代即在校刊和《申報》副刊上發表自由體新詩，遣辭用句、直樸大膽、坦然情愫，而名噪一時。二十年代，被時人評為上海灘上的著名的「第一校花」。

二十年代末，英美煙草公司出品的《中國交際花》煙畫之一，校花薛清照之倩影。

　　第第 10 號林筠香，她既不是好舞者、也不是「校花兒」，更不是俗稱的「社交名媛」。她是一位體育運動的愛好者、非職業運動員。林筠香之父林澤之，早年在美國留學，研讀工程。歸國後，曾在上海租界工部局任職。在興建外灘的工程中，他做出過很多地貢獻。林筠香在其父的影響下，自幼熱衷新式體育運動，跑步、游泳不讓鬚眉，尤善網球。曾就讀於王季魯先生創辦的上海中國女子體操學校。在當年租界舉行的網球比賽中，多次戰勝西洋專業運動員，為此轟動一時。應該說，她是一位中國女子體育運動的先驅。

1930 年，英美煙草公司出品的第二套《中國交際花》煙畫之一，著名女運動員林筠香。

　　今後如若有大手筆，依照煙畫上的芳名細考蹤跡，定將是一部研究二、三十年代女性社會學的佳作。

　　這組《中國交際花》煙畫，從設計到印刷極盡奢華，瀝粉燙金，硬版壓光，原本為「大仙島」牌、和「雙喜」牌香煙的贈品，由於香豔趨時，而深受大眾歡迎。隨後，「紅錫包」、「大前門」等著名的品牌裏，也都放上了這些「摩登」肖像。「大摩登」一詞，也就因此而叫得最響。我們從這些女人的容妝修飾、衣著髮型方面，可以看到彼時的社會時尚。在照相不發達的時代，這些色彩豔麗的倩影是研究二、三十年代女子服飾的寶貴資料。

〔煙畫鑒賞圖錄〕

1. 名稱：煙畫《第一套中國交際花》

出品：英美煙公司　BRTISH AMERICAN TOBACCO.CO.LTD.

規格：35×64mm　選 42 枚；

年代：1928

視點：妝容服飾

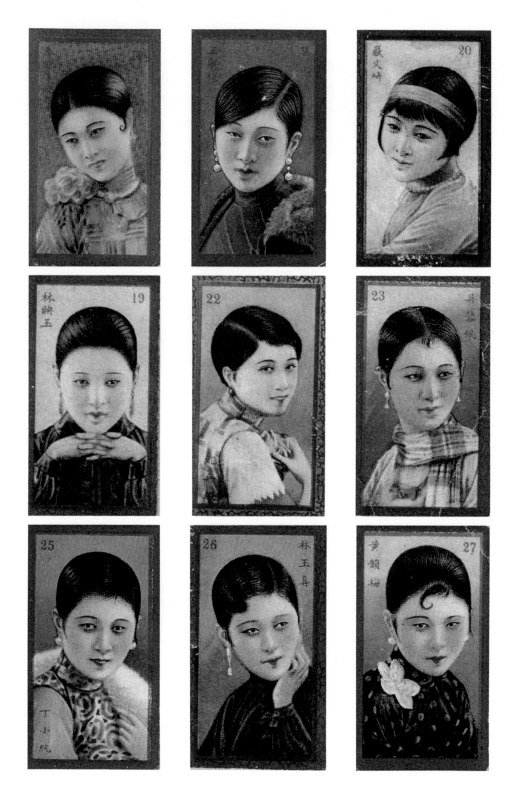

2. 名稱：煙畫《第二套中國交際花》

出品：英美煙公司　BRTISH AMERICAN TOBACCO.CO.LTD.

規格：35×64mm　選 44 枚；

年代：1929

視點：妝容服飾

第四章　三十年代的新女性
（1930～1939）

　　三十年代的中國可是個多事之秋，北伐戰爭剛一結束，國、共兩黨又打了起來。一直覬覦中國的日本軍國主義佔領了東三省，並且接走了愛新覺羅．溥儀，建立了偽滿洲國。接著，戰火連連，無一寧日。有錢的人一股腦地擁進大城市，使得上海、南京呈現出畸型的繁華。都市生活非但沒有放慢腳步，而且，婦女生活的變化如同增添了加速器一般，反而更加活躍了起來。不少熱血青年以身許國，投身如火如荼的革命前線；而更多的飲食男女，依然精

心地經營著自己的小安樂窩。時髦的女人依舊把過盛的精力用到梳妝檯前和成衣鋪裏。這一階段，女士們最大的變化是燙髮，是式樣翻新的旗袍、泳衣和高跟鞋。

三十年代，也是我國商業美術的成熟期。廣告公司林立，新派畫家如雲。以煙草廣告為龍頭的商業廣告，鋪天蓋地地粉飾著戰時的「繁華」。「摩登」女人依舊是商業美術的「永恆主題」。這一時期面市的煙畫，依舊證實著三十年代都市女性在容妝服裝方面的變化和創造。

雲鬢鬢影　秀髮飄揚

民國以後，西洋照相機大批的進入中國，市面上的照相館開得也越來越多，民間的靚男倩女照相之風、盛行一時。各煙廠出版的黑白、赭色、人工著色的照片煙畫競相上市。這些時髦的煙畫，自然也是以「摩登」女郎們的倩影最多，也最受人們歡迎。

上海檔案館的《頤中檔案》中，保存有英美煙草公司徐州調查員 H.Y 陳先生寫給公司總部的一封信。他寫道：「消費者對於我創司各種牌號香煙紙包中所裝入的畫片都十分喜愛，尤其《摩登女郎》畫片，更為城鄉人民的喜愛。」

在數不清的《摩登女郎》畫片中，儘管上面沒有印上出版年月，但從這些女郎的衣著打扮，尤其是她們的髮型變化上，很能分時代痕跡。

清代末年，滿族婦女梳「兩把頭」、「大拉翅」，雖說印在香煙畫片上式樣不多，但也有十餘幀，很能說明清代女人的昔日風光。這種「兩把頭」的髮型民國之後已不多見，只有京劇舞臺上演出「清裝戲」，如《四郎探母》的鐵鏡公主、蕭太后；《大登殿》中的代戰公主；《探親家》中的大奶奶等角色，還是梳旗頭，穿旗裝、足下踩著「花盆底兒」。內行都說，「通天教主」王瑤卿在臺上梳的旗裝頭最為標準，要比梅蘭芳先生梳得還規矩地道。

民國後，婦人們多梳髮髻，不同的髻、時高時低，時圓時偏，時墜時翹，時單時雙，五花八門地名目繁多。民國五、六年，女人們的頭髮開始解放了，額前梳起了各式各樣的「劉海兒」。這種變化，筆者在前一章多有敘述。「劉海兒」的風行，從生活角度上反映出女性求變、求自由、求解放的一種強烈的意願。

進入二十年代，隨著上海的繁榮，不少歸國華僑、外商在南京路、淮海

路、八仙橋一帶開設起理髮店。1923 年，第一家現代美髮廳——新新美髮廳在南京路開張，店內的裝潢設備力求時新、洋派，店堂四壁裝配玻璃櫥窗，設置鐵盤座椅，瓷面盆，電風扇。西德剛發明了電動吹風機、電燙機，很快就被該店引了進來。西洋剪刀、剃刀和三色花滾轉燈，都成了吸引顧客的時髦之物。

這是清末名伶路三寶在光緒末年拍攝的一幀旗裝像，在時裝戲《探親家》中飾演胡媽媽。他毫不誇張地把現實生活中滿族婦女的旗頭、旗袍、坎肩、花盆底兒、水煙袋搬上舞臺，真實地表現了旗人的日常狀況，受到觀眾的一致讚許。

1917 年，梅蘭芳排演了一齣時裝戲《一縷麻》，他在劇中飾演女主人公林紉秋。人物的髮型已是梳大髻，前額留有「分簾」式「劉海兒」。這種髮式是當時女性標準的時尚打扮。

接著，「麗新」美容修飾院、「鮑羅」美容院也相繼營業，從此，這三家大店一直領導著上海美髮新潮流。「摩登」女子新髮式莫不是從這三家大店推廣開來，同業也以這三家大店馬首是瞻。1930 年，意大利人凱恩在南京路 49 號

二樓理髮館裏開辦了理髮學校，這是上海第一家理髮技術培訓中心，由外國技師親自教授燙髮和理髮技術，對促進和提高美容、美髮技術起到了積極的推動作用。

聰明的上海理髮師們吸收了先進的理念和技術，為己所用，引領起長達半世紀之久的時尚風潮。講究穿著打扮的上海女人，更加注意自己髮型趨時。正如當時的《順口溜》說的：

> 噱頭，噱頭，噱就噱在頭上；
>
> 時髦、時髦，髦就髦在額上。
>
> 頭上不噱，額上不髦，
>
> 不如嫁江北、下廚房，
>
> 去當個黃臉婆娘。

人們審美理念的不斷提高，新的髮式髮型應運而生。女士們的髻子打開了，開始用洋藥水、洋設備，燙出各種「愛司式」、「橫愛司」式、「頂花」式、「卷花」式、「大菊花」、「小菊花」、「長波浪」、「短波浪」等新髮型，一時間「花開四季皆因景，俱從頭頂變化來」。

新髮型吸引了許多有錢人太太、小姐、明星、交際花、新女性，乃至飛燕流鶯頻頻光顧。這些新髮式，有的自然活潑、氣質豪邁；有的文靜大方；更多的式樣以鬈曲度高、輕鬆飄逸見長。「摩登」女郎們一個個雲鬟鬢影、秀髮飄揚，昂首闊步地走在南京路上，充分地流露出女性的自豪和女權的申張。

例如，一種平齊的、復古而具獨立精神的「鮑勃頭」，在三十年代初曾成為「寵兒」流行於大街小巷。這款由電影演員路易斯·布魯克「頂」著的髮型，是以髮型師鮑勃的名字命名的。不久，又流行起「波浪大披肩」，則是以胡蝶的髮型為樣板，興了起來。

1924 年，法國染髮水傳入上海。老年人的白髮能染成黑色，這種《三國演義》中喬玄獨有的東西，竟然飛入市井，為很多中老年婦人挽回了青春。不僅如此，這些西洋藥水還能把黑髮染棕、染紅。這又給年青女性帶來了更加豐富的想像。「明月歌舞團」王人美在黝黑的髮梢上，率先燙染了一綹紅髮。這一新聞轟動滬上，引得女學生們競相摹仿。一時染髮成風。

1925 年，淮海路第一家中國美容院也開張，剎那間，美容也成了都市最「摩登」的事情。

這是一張攝於三十年代初期的一群滬上姐妹們的合影，顯然都是中等人家的婦女。但人人都燙著不同式樣的髮型。足證彼時「燙髮熱」之一斑。

　　我國古代女性的面部護理，多是使用秘製塗膏、藥物漂洗，或用珠粉搽臉、玉石碾壓等方法。這些原都是豪富之家的專利，平民無緣問津。自從美國名牌「林文煙」進入中國之後，法國的美容膏、潤膚露、摩絲、啫喱和英國睫毛膏、唇膏、唇脂也陸續登場，使得都市女性的髮型和化妝變得更富風韻。

　　未幾，上海先施公司推出白玉霜、白梅霜、多寶串等化妝品時，國產的搽面粉、雪花膏、花露水、朱唇膏也都蜂湧上市。它們以品質優良、物美價廉的促銷方式，很快就惠及小家碧玉和市井民婦了。這一切，為如雲的秀髮更增添了美麗和新潮。

〔**煙畫鑒賞圖錄**〕

　　1. 名稱：煙畫《新髮型》

　　出品：華成煙公司

　　規格：32×66mm　選 8 枚；

　　年代：1931

　　視點：新髮型

2. 名稱：煙畫《燙髮的美女》

出品：中國中和煙公司

規格：35×65mm　選 10 枚；

年代：1931

視點：髮型

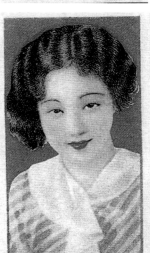

2. 名稱：香煙廣告（局部）

出品：頤中煙公司　YEE TSOONG TOBACCO CO.LTD

　　　英國威爾士〔帝國煙草〕公司　W.D.&H.O.WILLS.

　　　英美煙公司　BRTISH AMERICAN TOBACCO.CO.LTD.

規格：不一，選 5 張；

年代：二十世紀三十年代上半葉

視點：髮型

泳裝絢麗　天然健康

　　在長期的封建道德觀念的禁錮之下，百年前的中國，人們對於「游泳」運動幾乎是完全漠生的。儘管在古代的經典中有「蹼人」、「弄潮兒」之說，文學作品中也有對「醉入東海騎長鯨」的安琪生、「浪裏白條」張順等善泳者的描寫，但多是帶有一些仙氣和「匪」氣的男人。唯一一位能「探海求珠」的女泳者，名叫廉錦楓，她還只是個清代作家李汝珍警世小說《鏡花緣》中的想像人物。在封建禮教的桎梏下，女人根本不能赤足裸臂的出現在光天化日之下的。所以，梅蘭芳在舞臺上塑造的游泳健兒——廉錦楓，絕不能穿游泳衣下海，依然要「長裾闊袖、裙珮叮噹」地躍入水中。

　　游泳作為一種體育運動，是由西方傳入中國的。上海開埠後，劃定不少租界供各國來華人士居住。西人的生活方式進入中國，各類體育運動也隨之傳入，游泳是其中之一。咸豐四年（1854年）上海工部局成立，在上海靜安路跑馬場內修建了一座游泳池。這一新生事物，在上海造成了相當大的轟動。西人男女袒胸露背的混在一起「洗澡」，簡直是不可思議的天方夜譚。對於華人來說，這個游泳池自然是根本無緣光顧。一位冬烘先生但憑臆度，曾把它描寫為：「男女赤條條相裸其間，追逐嬉戲、俯仰交歡，淫穢之態不可睹也。」

　　民國初年，政府提倡健身運動，游泳池對外開放，上層社會的時髦男女，開始打破各種禁錮，追求體驗新生活的歡樂。他們開始東施效顰、扭扭捏捏地脫去臃腫的袍服，勇敢地進入泳池內學習游泳。但在民眾眼裏，這些人竟成了「觀賞動物」。泳池經營者不僅收游泳人的錢，還公開發售參觀券，供人隔著鐵絲網參觀游泳的奇景。前來購票「觀賞」的人，居然絡繹不絕，滿坑滿谷。這樣的怪事一直維持到民國五年才得以終止。

民國初年，政府提倡健身運動，游泳池對外開放，上層社會的時髦男女，開始打破各種禁錮，追求體驗新生活的歡樂。勇敢地進入泳池內學習游泳。泳池經營者不僅收游泳人的錢，還公開發售參觀券，供人參觀游泳的奇景。

　　隨著時間的推移，中國的體育事業也有了長足的發展，游泳運動也是如此。三十年代初，中國出了一條驚豔人寰的「美人魚」。《良友》畫報在「中國十大標準女性」的評選中，她以色藝雙絕的美譽，與畫家何香凝、作家丁玲、電影明是胡蝶、「第一夫人」宋美齡等名人同登金榜。名望之大，無以復加。

　　這位「美人魚」的名子叫楊秀瓊。她出生於廣東東莞，其父楊南柱英語極好，在一家英商洋行裏任職。在楊秀瓊五歲的時候，隨父移居香港。因為香港是個重要的通商口岸，游泳活動十分普及。中學的體育訓練中，就已有了游泳課程。秀瓊姐弟從小就愛游泳，此時，又得到了精心的培養和嚴格的訓練。1933 年，楊秀瓊參加了在南京舉辦的第五屆全國體育運動會。就在這次運動會上，她一鳴驚人，一人獨得了五項游泳項目的冠軍：50 米自由泳為

38 秒 2；100 米自由泳為 1 分 29 秒 6；100 米仰泳，1 分 45 秒 2；200 米蛙泳，3 分 41 秒 1；200 米接力賽，成績為 2 分 49 秒。

中國的「美人魚」——廣東選手楊秀瓊，在南京第五屆全國體育運動會上。

　　彼時楊秀瓊年方十五，天生麗質，身軀健美，身著泳裝，穿梭於碧波之間，一反中國婦女捧心顰眉的病態之美，贏得「美人魚」的雅號。在一個相當長的時期，她的新聞日日見於報刊。記者們贊她「風度雍容華貴，雙眸明亮，性格爽朗。穿玉色衣服、赤足跋高跟皮鞋，身體健壯，遠望如希臘女戰士。」所到之處，名流權貴盡皆承奉。行政院秘書長褚民誼也曾降貴紆尊，親自為迎接楊秀瓊的馬車執韁。此後，在 1934 年菲律賓第十屆遠東運動會、1935 年上海舉行的第六屆全運會上，楊秀瓊同樣取得了驕人的成績。

　　在她的帶動下，都市女性掀起了一陣空前的游泳熱。游泳池內，身著泳裝、全身沐浴在溫暖的陽光之下，徜徉於和煦的微風之中，自由自在、溫馨舒適地投身大自然的懷抱，幾乎成了新女性的夢寐所求。泳裝，成了最暢銷的時髦貨。

　　這裡順便談一談女式泳裝變化的歷史。在 1900 年之前，連文明開放的歐美，對女子泳裝款式都還是相當保守的。一般都是小圓領、短袖、泳褲長及

膝蓋，顏色以深藍和黑色為主，是一種襯衣式的泳裝。婦女們在這種泳裝的下面，還穿著褲子和絲襪，頭上戴著泳帽，腳上穿著類似芭蕾舞鞋的繫帶拖鞋。1907 年，澳大利亞出生的女游泳選手安妮特·凱勒曼，曾經打破常規，在波士頓游泳場穿上了一件自己縫製的連體泳裝。她的出場，竟然嚇壞了全場男女，而遭到警察的逮捕。當女子游泳於 1912 年成為奧運會正式比賽項目時，冠軍范妮·杜拉克才開始穿上一種有半長褲腿的無袖連體泳裝。

到了 20 世紀 20 年代，人們開始認識到泳裝必須美觀、實用，要展示女性的「身體美」。泳裝的設計者們開始和內衣相結合，創製出富於彈性的針織泳裝。這種泳裝上市時，是用背帶代替了袖子，褲腿變得越來越短，領口變得越來越低。顏色也變得豐富多彩起來。加之日光浴的流行，促進了泳裝旨在暴露皮膚，並且避免背帶曬痕的改革。

在三十年代的新款泳衣中，網狀胸罩突出了婦女的胸乳，臀部也被包托起來。當 16 歲的楊秀瓊以現代泳裝的形象出現在千萬人的目光之下的時候，中國女性的自然、健康、優雅、美麗，感動了所有追求新生活的男男女女。她立即成為炙手可熱的時尚代言人。從此，上海灘掀起了一股游泳熱，女人們打破了千年桎梏的羞恥觀，開始步入現代化的時尚。

這是一幀《泳女》煙畫，為南洋兄弟煙草公司的出品。畫中人物為「美人魚」楊秀瓊。可惜她在 19 歲的時候嫁給了四川督師范紹增，做了第 18 房姨太太，而退出了運動場。解放前遷居加拿大，1982 年逝於溫哥華。

　　彼時上海市內的游泳池很多，既有公共游泳池、團體游泳池，還有學校游泳池和私人游泳池。其中，最大的是虹口游泳池，一到夏天，這裡每日都人滿為患。中外男女擠滿了一池，五彩繽紛的游泳衣給人間憑添無盡的快樂。會游的人在高臺跳水，不會游的人身上套上救生圈。姑娘們坐在淺水中請人攝取幾張充滿曲線美的倩影。泳後的俊男靚女們自由自在地躺臥在草地上，充份地享受著和煦的日光。

　　上海的川沙高橋海濱有一片美麗的白沙地，民國政府在此開闢了一個大型的公共海濱浴場，供市民們到那兒游泳避暑。海邊地勢平坦，沙灘開擴，縱目遠望，藍天白雲，碧海黃沙，潮漲潮落，水天茫茫，令人心曠神怡，在三十年代，這是上海青年男女理想中的天堂。

　　不少煙廠趨炎附熱，出版了很多游泳題材的煙畫，身著各色泳衣的青年女子，微笑地躍然煙畫之上，一掃封建時代的晦暗陰霾。筆者在本節圖錄中，精選了一套上海公信煙草公司出品的《海浴》煙畫，共有15枚。若依序號連接著排在一起，則是一幅漂亮的長卷，把一座美麗的海濱浴場，一覽無餘地盡收畫幅。

　　當時社會上的「集煙畫熱」正在高潮，為了集齊一整套煙畫，「煙畫迷」們絞盡了腦汁去淘換。或是購買同一牌號的煙，或是去煙畫交換市場上去購買、掉換。公信煙草公司的老闆就在這套煙畫上動了心思，他們把這一組連號的15枚煙畫中的第3號「傘下的浴女」印得極少，按一萬五比一的比例向市場上投放。公司在發行這套煙畫之前，還在報上大作廣告，聲稱，「凡攢全這組煙畫者，可以兌換百元大獎。」這樣一來，要攢齊這套煙畫兌獎的人多如江鯽，可是真的要湊齊這套大作，可就不那麼容易的了。這一「小技」，讓公信煙草公司著實地賺了一大筆。

　　無論如何，這些「美人魚」煙畫都最受男消費者們的歡迎。伴隨著「游泳熱」的熱潮，凡裝有「美人魚」煙畫的香煙，也都成了首屈一指的暢銷品。

〔煙畫鑒賞圖錄〕

　　1. 名稱：煙畫《泳女》

　　出品：上海裕華煙公司　YU HUA TOBACCO CO .UNLTD.SHANGHAI

　　規格：35×66mm　選8枚；

　　年代：1933

　　視點：泳裝

2. 名稱：煙畫《泳女與泳裝》

出品：上海匯眾煙公司　WAI CHUNG TOBACCO CO.UNLTD.SHANGHAI

規格：35×66mm　選 15 枚；

年代：1934

視點：泳裝

3. 名稱：煙畫《海浴》
出品：上海公信煙草公司
規格：43×61mm　選 15 枚；
年代：1934
視點：泳裝

4. 名稱：煙草廣告

出品：上海匯眾煙公司　WAI CHUNG TOBACCO CO.UNLTD. SHANGHAI

　　　大英煙公司　MANUFACTURED BY BRITISH CIGARETTE CO. LTD.

　　　頤中煙公司　YEE TSOONG TOBACCO CO.LTD

規格：不一，選 5 枚；

年代：二十世紀三十年代

視點：泳裝

歐風漢化　旗袍改良

　　話分兩段，反過來我們再說一下二十年代末至三十上半葉，婦女服飾的巨變，那就是「旗袍復興」。

　　早在民國十五六年（1926、1927年）間，國民革命軍北伐前夕，婦女穿袍服之風漸興，但款式保守，腰身概取寬鬆，袖長及腕，身長在足踝以上。因為，它的樣子近似男裝，是當時時髦女性們的一種勇敢嘗試。北伐勝利後，國民政府在1929年4月16日公布了《服制條例》，條例規定，旗袍是中國女子的禮服，要求「齊領，前襟右掩，長至膝與踝之中點，與褲下端齊，袖長過肘，與手脈之中點，質用絲麻棉毛織品，色藍，紐扣六」。從此，旗袍風行起來，開始從上層社會，逐步走向普及化的發展。

　　滬上的旗袍，簡直如脫韁的野馬，盡情地發揮著女性的聰明才智。她們富有創造性地把旗袍的款式發展到極致，使之千變萬化、炫目多彩。最初，有些時髦女子想提高旗袍的高度，又怕遭到守舊派的非議，便一面將旗袍做到小腿肚以上，一面又在旗袍下擺釘上三、四寸長的蝴蝶褶。不久，旗袍的長度縮短到膝下兩寸許，整個小腿都裸露在外，行走很方便。得到社會認可後，旗袍流行的長度幾乎年年都發生變化，一會兒長一會兒短，一會兒短一會兒長。

　　三十年代初，交際花薛錦圓女士率先在旗袍四周滾上一圈花邊。接著電影明星顧蘭君又帶頭在旗袍左襟開衩，連袖口也開了半尺長的大衩，這些創新為時尚推寵，摩登女性竟相仿傚。此後，旗袍衩越開越高，胡蝶小姐在一次明星大聚會上，旗袍的衩竟一直開到大腿根兒。因為開叉的關係，旗袍外面又盛行穿馬甲。同時，旗袍的腰身也越做越窄，最終完全貼身，將全身的曲線充分顯露於外。

　　據考，在1935年後，經交際花陳玉梅、陳綺霞兩姐妹的提倡，旗袍又開始流行低開衩。袍身越來越長，衩最開越低，以至長及地面，連鞋子都看不到了。不過這種式樣走路不太方便，但很適合在舞臺高處的表演，人物更顯得高挑秀麗、玉立婷婷。大世界的「群芳唱會」幾乎成了旗袍展示會。唱手們一個個頭髮燙得鋥亮，身著各式長旗袍依次登場，為爭「摩登」之譽，大有決一死戰的味道。

1929 年 4 月 16 日公布了《服制條例》，條例規定，旗袍是中國女子的禮服，從此，旗袍風行起來，開始從上層社會，逐步走向普及化的發展。

　　不久旗袍又時興將長度與邊衩適當提高。摩登女子必須根據不同的場合、季節和服飾來選擇不同的項鍊、耳環、手鐲、戒指、胸針等飾物。這一風格，是從京劇電影兩棲演員言慧珠興起的。她每次演出《紡棉花》，都是時裝登場，耳上、頸上、腕上、指上全用首飾武裝起來了，在耀眼的聚光燈下唱著流行小曲，被稱為「上海第一大摩登」。不知傾倒了多少男女粉絲。當時，凡聲色俱佳的女演員，李玉茹、吳素秋、童芷玲、喜彩蓮，莫不都是有名的「劈（《大劈棺》）紡（《紡棉花》）大王。」

　　時風所趨，女人們旗袍領口的高低；袖子的縮窄縮短；腰身的寬鬆與收緊；袍身的長短；開衩的高低；滾邊鑲邊的多寡，無不精敲細推、與時俱進地作盡文章。領子的式樣變化最多，有高領、低領、方領、圓領、U 字領、V 字領、西式翻領、一字平口領、荷花領、竹筒領之分；袖子，有寬可盈尺的，也有窄可束腕的；也有長可過手的，也有短到無袖的。有的旗袍做成背心（馬甲）式或背帶式。旗袍的顏色再也不限於陰丹士林了，五顏六色的花草、光

怪陸離的圖案，絲綢錦緞、呢絨精紡都為旗袍悉數採用，上海的時尚增就無限春光。

　　魯迅先生對此等賣弄風情心理機制，也有過類似西美爾的精確分析，他說，「時髦女子所表現的神氣，是在招搖，也在固守，在羅致，也在抵禦，像一切異性的親人，也像一切異性的敵人，她在喜歡，也正在惱怒。」

　　三十年代上海的名門閨秀追趕時髦、享受奢華的生活，她們崇尚西化的生活：游泳、騎馬、跳舞、打高爾夫球，也要求服裝更美觀、和體。市民階層在無邊聲色的誘惑下，也都加入了趨炎附勢當中，使得旗袍普及成風。

三十年代，旗袍奠定了女裝舞臺上不可替代的重要地位，作為海派文化的重要代表，加入西式風格的海派旗袍，一枝獨秀、大放光彩。

　　吳昊在分析旗袍在市民階層風行的原因時，指出有以下六個方面因素：

　　　　一、經濟便利。以前，上衣下裙連褲的搭配複雜，而旗袍則衣和裳連屬，一件可替代，結構簡單，剪裁方便，省工省料。

　　　　二、線條流暢。整件旗袍從上到下，由單一塊衣料剪成，既無衣料重疊部位，更無帶、襻、袋等附件裝飾，風格流暢，穿著貼體，自然美觀。

　　　　三、美觀適體。由於旗袍上下連屬，合為一體，容易襯托出婦

女形體的曲線美，再加上高跟鞋流行，更能增添女體修長的美感，亭亭玉立。

四、搭配容易。作為主裝，旗袍很容易與西式上衣、背心、大衣或斗篷等配套，適應四季變化不同氣候，其利用率較其他服裝為高。

五、可塑性強。旗袍適應能力高，一塊素粗布不加任何裝飾，可使人顯得樸實無華；但加上繡文、條子花邊，綴上珠寶，又可顯示高雅華貴氣派。既可活潑，亦能凝重，在不同場合發揮不同的光彩。一件旗袍，可以是校服，又可以是舞衣，更可以是禮儀服，千變萬化。

著名詩人豁公為女士們各式各樣的旗袍大唱讚歌，寫詩多首刊登在《新聞報》的副刊上。

萬花谷裏探春回，惹得幽香入袖來；為愛天桃顏色好，小欄杆外幾徘徊。

暮雲千里一嬋娟，玉立亭亭態自妍；鬢霧鬟風衣水葉，前身應是廣寒仙。

旗袍很快便受到各階層和不同年紀婦女的普遍喜愛。鑒於穿旗袍已成潮流，輿論一致提議，將「旗袍」二字改為代表富有民族文化定義的名字——「中華袍」。

〔煙畫鑒賞圖錄〕

1. 名稱：煙草廣告

出品：上海匯眾煙公司　WAI CHUNG TOBACCO CO.UNLTD. SHANGHAI

　　　頤中煙公司　YEE TSOONG TOBACCO CO.LTD

　　　中國福新煙公司　FOOH SHING TOB.CO.

　　　南洋兄弟煙草公司　NANYANG BROS TOBACCO CO.LTD

規格：不一，　選 27 枚；

年代：二十世紀三十年代

視點：各式各樣的旗袍

時裝幻化　無限風光

30 年代是一個旗袍飄飄的年代，也是個時裝多樣化的時代。

上海女人創立了屬於她們自己的「海派旗袍」，成為上海最早的婦女時裝。而後，廣收博採、集納中西，使服裝日益與世界接軌。正如張愛玲在《更衣記》中所說的一樣：「初興的旗袍是嚴冷方正的，具有清教徒的風格。」而後，由於歐美的最新時裝款式僅隔三、四個月就飄洋過海到了上海，因此 30 年代的上海很幸運地成為了全國的時裝中心，旗袍的花樣的繁榮，創造出姹紫嫣紅般的花樣年華。

彼對的婦女，無論是穿中式旗袍，還是西式長裙的女性，腳上無一例外都是一雙高跟鞋。鞋的樣式繁多，有的鞋面緊緊裹著腳，只在腳趾頭上露出一個孔；有的鞋面上綴著一隻小小的蝴蝶結，蝴蝶結周圍有許多小孔，看上去像圓點圖案；有的是用黑白皮鑲拼，只露出腳趾頭和後跟；還有的是淺口皮鞋，鞋口為月牙形，鞋面布滿小孔。款式各異，或端莊、或活潑，千姿百態、美不勝收。高跟鞋的流行，不僅增尚了女性的身高，更有效地塑造了女性的體位。腰身直了起來，胸脯也向前突出，臀部翹了起來。這樣，女性的「三圍」更加顯現，人體曲線更加動人優美。時有孩童《拍手歌》唱道：

> 小姑，小姑快快長，
>
> 長大了，人漂亮；
>
> 穿旗袍，披大氅；
>
> 高跟鞋、唭唭響；
>
> 大搖大擺逛商場，
>
> 電影院裏坐一坐，
>
> 沙發床上躺一躺，
>
> 梳妝檯前照一照，
>
> 變成摩登大姑娘。

婦女在冷天穿的外衣，最早是盛行綢面的斗蓬，俗稱「一口鐘」。從肩頭向下披去，上小下大，確實像一口坐在地上的鐘。這種款式在三十年代十分流行。後來，又開始模仿西洋婦女裝束，改穿西式大衣，老式的斗蓬便被淘汰了。

在上海，南京路、遊藝場、戲院、舞廳都是最佳的時裝展示場。趨時男女們穿著各式新款的服裝，「舞低楊柳樓頭月，歌盡桃花扇底風」。

　　婦女在夏天穿綢緞，西洋的「布拉嘰」，被漢化成各式各樣的「連衣裙」。姑娘們穿在身上，自由自在地像穿花的蝴蝶，飛翔在都市的大街小巷。

　　此時的上海已被世人譽為「東方的巴黎」，南京路、霞飛路、靜安寺路上的時裝店，終日人頭攢動、熱鬧非凡。建於民初的鴻翔時裝公司，朋街服裝商店、培羅蒙西服店、第一西比利亞皮貨服裝店……，都是上海時裝的龍頭老大，名傳遐邇，聲震中外。不僅蔡元培、宋慶齡等文化名人常來光顧，滬上所有名媛淑女、明星大腕，莫不以穿名店製衣為榮。連英國女王伊麗莎白還曾不辭萬里之遙，向該店定製新款的服裝。

　　時裝領先，為上海培養出一大批技藝超群的技師。他們不僅技術過硬、思想前衛，而且還有著弘揚東方文化的設計理念，把中國的優良傳統與西洋的精粹進行有機的結合和大膽地改進，創造出獨有的「海派」浪漫風格。三十年代的市井童謠最能反映出真實的世俗本色。孩子們唱道：

　　　　時裝都學上海樣，學來學去學弗像！

　　　　等到學了三分像，上海早已翻花樣！

上海有一大批技藝超群的技師。他們技術過硬、思想前衛，把中國的傳統與西洋的精粹進行有機的結合和大膽地改進，創造出獨有的「海派」浪漫風格。

〔煙畫鑒賞圖錄〕

1. 名稱：煙畫《新潮女性》

出品：華成煙公司

規格：45×66mm　選18枚；

年代：1936

視點：時裝

2. 名稱：煙畫《新裝束》

出品：南洋兄弟煙草公司　NANYANG BROS TOBACCO CO.LTD

規格：35×66mm　選20枚；

年代：1935

視點：時裝

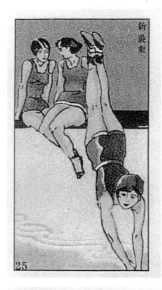

3. 名稱：煙草廣告

出品：上海匯眾煙公司　WAI CHUNG TOBACCO CO.UNLTD.SHANGHAI

　　　頤中煙公司　YEE TSOONG TOBACCO CO.LTD

　　　南洋兄弟煙草公司　NANYANG BROS TOBACCO CO.LTD

規格：不一，選 26 枚；

年代：二十世紀三十年代

視點：各式各樣的時裝

後　記

　　二十世紀二十年代上半葉和三十年代初，是我國煙草業迅猛發展的時期，僅上海一地就有大小煙廠二百餘家，全國則有近千家之多。激烈的商業競爭，包括中外煙廠間、外與外、中與中、地區與地區、煙業行內與行外，因利益驅動，展開了一場如火如荼的煙草大戰。各煙廠出品的煙畫更加五彩繽紛、爭奇鬥豔，競相登場。「摩登」煙畫的發行進入了黃金時代，由此形成了一場曠日持久、各界參與的煙畫收藏熱潮。

　　魯迅的夫人許廣平女士說：「那時人們生活真有趣，香煙裏面比賽著贈畫片，《三國》、《水滸》、《二十四孝》、《百美圖》等等，應有盡有。」「魯迅先生對這煙畫也很有興趣。遇到中意的，他就收起來，留著送給收集煙畫的青年朋友們。」

　　劇作家翁偶虹先生在回憶他學生時代收集煙畫的熱情時說：「每天下學以後，三、四點鐘宣武門一帶就熱鬧起來，換煙畫的，賣煙畫的都湊在了一起，與集郵票一樣，有行有市地兌換、交易起來。」在全國範圍內，上海的城皇廟、掃葉山房；南京的夫子廟；蘇州的觀前街；天津的估衣街；都成了煙畫重要的流通市場。

　　煙畫在三十年代後期開始減少和消失了。主要原因，是日本軍國主義的侵華戰爭造成的。1931年，日本出兵佔了我國東三省。1936年，又發動了「盧溝橋」事變，中日戰爭全面爆發。它們瘋狂的轟炸、劫掠，嚴重地破壞了我國的工農業生產和人們的生活秩序。同樣，煙草市場亦遭到無情的毀壞。英美煙公司退出在華市場，民營公司紛紛歇業倒閉。國民經濟瀕臨崩潰，亂世流民，惟思果腹，再也沒有「暇時一支煙，賽過活神仙」的雅興了。免強維持的

煙廠不得不降低成本，停止香煙廣告和煙畫的印刷。到了三十年代末，已漸無新的煙畫出版行市，炙熱一時的煙畫從此退出了歷史舞臺。若從茂生洋行代售美國香煙並隨煙附贈煙畫算起，「摩登」煙畫在中國流行了有 55 年之久。而我國自己出版發行「摩登」煙畫的歷史，則僅有三十五、六年而已。

常言說：「讀畫如讀史」，這些行世將近半個世紀的小畫片，恰為我國近代婦女形象的漸變留下了豐富「圖證」。將之一幀幀地聯綴起來看，如同一串珍珠項鍊一般，勾勒出一道色彩絢爛的風景線。為現代研究者也提供了一系列有價值的佐證。

由於，本書是以「摩登」煙畫為主線來敘述我國近代婦女容妝服飾變化史，因此，煙畫出版在三十年代末的終止，我們的書也就只寫到這裡了。

參考文獻

1. 〔美〕理查德・克魯格著，《煙草的命運》，海南出版社，1998。

2. 中國社會科學院編，《英美煙公司在華企業資料彙編》，中華書局，1963。

3. 南洋兄弟煙草公司公私合營辦公室編，《南洋兄弟煙草公司事記》，油印本。

4. 英美煙草公司編，《英美煙公司月報》，1924 年。

5. 大不列顛畫卡協會編，《英美煙公司手冊》，大不列顛畫卡協會出版，2001年。

6. 〔美〕高家龍著，《中國的大企業》，商務印書館，2001 年。

7. 楊國安著，《中國煙草文化集林》，西北大學出版社，1990 年。

8. 黃能馥陳娟娟著，《中國服裝史》，上海人民出版社，2004 年。

9. 秦軍校著，《終結小腳》，浙江文藝出版社，2005 年。

10. 吳昊著，《中國婦女服飾與身體革命》，東方出版中心，2008 年。

11. 華梅著，《中國服飾》，五洲傳播出版社，2004 年。

12. 周作人著，《性愛的新文化》，山西人民出版社，1992 年。

13. 袁傑英著，《中國歷代服飾史》，高等教育出版社，1994 年。

14. 馬庚存著，《中國近代婦女史》，青島出版社，1995 年。